Meyer / Meyer / Jansen • Unterrichten mit Lernlandkarten

Markus Meyer / Mariola Meyer / Christian Jansen

Unterrichten mit Lernlandkarten

Mit Online-Materialien

BELTZ

Markus Meyer unterrichtet die Fächer Deutsch und Philosophie. Zudem bietet er an Universitäten und Schulen Fortbildungen zum erfolgreichen Lernen in Teams sowie zum kompetenzorientierten Lernen an. Er war von 2011 bis 2017 Mitglied der Entwicklungsgruppe im Projekt »Vielfalt fördern« und ist seit 2017 an der Entwicklung eines MOOC-Angebots für »Vielfalt fördern« beteiligt.

Mariola Meyer (geb. Oleśniewicz) unterrichtet die Fächer Sozialwissenschaften und Philosophie. Sie war von 2014 bis 2017 Mitglied der Entwicklungsgruppe im Fortbildungsprojekt »Vielfalt fördern«. Seit 2017 ist sie in einem Anschlussprojekt an der Entwicklung eines MOOC-Angebots für die Fortbildung »Vielfalt fördern« beteiligt.

Christian Jansen ist Abteilungsleiter an der Gesamtschule Höhscheid und unterrichtet die Fächer Englisch und Praktische Philosophie. Er war von 2011 bis 2017 Mitglied der Entwicklungsgruppe im Fortbildungsprojekt »Vielfalt fördern« und ist seit 2011 Moderator und Coach für künftige Moderator/innen.

Dieses Buch ist erhältlich als
ISBN 978-3-407-63053-7 Print
ISBN 978-3-407-29566-8 E-Book (PDF)

1. Auflage 2018

Werderstraße 10, 69469 Weinheim
service@beltz.de

Lektorat: Heike Gras
Layout/Reihenkonzept: glas ag, Seeheim-Jugenheim
Umschlaggestaltung: Michael Matl
Umschlagabbildung: © Tamara Graeske
Herstellung: Michael Matl
Satz: Markus Schmitz, Altenberge

Druck und Bindung: Beltz Grafische Betriebe, Bad Langensalza
Beltz Grafische Betriebe ist ein klimaneutrales Unternehmen (ID 15985-2104-1001).
Printed in Germany

Weitere Informationen zu unseren Autor:innen und Titeln finden Sie unter: www.beltz.de

Inhalt

Vorwort

Die Idee zu diesem Buch ist entstanden aus der Entwicklung des Unterrichtsmodells »Modell DREI«, das seit einigen Jahren an verschiedenen Schulen und Universitäten erprobt wird. Den Grundgedanken, dass in Dreier-Teams effizient gearbeitet werden kann, sofern das Team im Denken und Erkennen drei bestimmte Schritte geht, verdanken wir dabei einer persönlichen Begegnung mit Paul Ryan sowie den Schriften Charles S. Peirce. Für die damit verbundenen vielen gedanklichen Anregungen und Gespräche möchten wir uns besonders bei Prof. Dr. Wolf Thümmel bedanken.

Ebenso möchten wir uns bei all denjenigen bedanken, die im Rahmen des Kooperationsprojektes »Vielfalt fördern« (MSB NRW/QUA-LiS NRW/Bertelsmann Stiftung) Lernlandkarten erstellt, mit dem Konzept gearbeitet und sich kritisch damit auseinandergesetzt haben.

Schließlich gilt insbesondere den Schüler/innen der Europaschule Troisdorf, der städtischen Gesamtschule Waltrop, des Städtischen Hölderlin-Gymnasiums Köln sowie der Städtischen Theodor-Litt-Realschule in Düsseldorf großer Dank: Ohne sie hätte diese Form des Unterrichtens keine Gestalt annehmen können. Dabei möchten wir uns auch bei unserem Kollegen Dirk Blotevogel und unserer Kollegin Julia Wiebel bedanken sowie bei den Schülerinnen der Gesamtschule Reichshof für Lernlandkarten und Anregungen für dieses Buch.

Köln im Februar 2018 *Markus Meyer, Mariola Meyer, Christian Jansen*

1

Wieso mit Lernlandkarten unterrichten?

Wir wollen Sie im folgenden Kapitel auf eine Entdeckungsreise mitnehmen, in deren Verlauf wir Ihnen

- eine neue Perspektive auf die Auseinandersetzung mit fachlichen Inhalten,
- eine neue Perspektive auf den Kompetenzerwerb Ihrer Schüler/innen sowie
- Möglichkeiten der Weiterentwicklung Ihres Unterrichts aufzeigen.

1.1 Angereicherte Realität

In einer Welt, in der Bilder, Abbildungen und Darstellungen aller Art weite und schnelle Verbreitung finden, spielt das anschauliche, bildliche Denken eine immer größere Rolle. So nehmen wir selbst, aber auch unsere Schüler/innen unsere Welt (digital) angereichert durch eine Vielzahl von Informationen wahr. Wir nehmen sie auf, verarbeiten sie, teilen sie. Technische Geräte und Programme, die uns bei diesen Vorgängen unterstützen und den Körper und unsere Wahrnehmung erweitern, spielen eine immer größere Rolle in unserem Leben – seien es Smartphones, Wearables oder soziale Netzwerke; ihre Bedeutung wird in Zukunft noch weiter zunehmen. Vielleicht sehen Sie darin nicht nur Chancen, sondern auch die Gefahr, dass wir in vielen Situationen abgelenkt oder von Informationen überfordert sind, uns nur schwer konzentrieren oder nur schwer auswählen können. Oder sogar, dass die Grenzen zwischen der Wirklichkeit und virtuellen Realitäten verschwimmen.

Dahinter liegt jedoch ein großer Schatz menschlicher Entwicklung, der auch für die Schule und das gemeinsame Lehren und Lernen eine entscheidende Bedeutung hat: Schon immer waren Menschen in der Lage, körperliche Erfahrungen durch geistige Aktivitäten – etwa durch das Träumen, Erinnern, Nachdenken, Erzählen – anzureichern. Und sobald Menschen begannen, zu zeichnen und, viel später, zu schreiben, erweiterten sich die Möglichkeiten noch einmal: Einritzungen in Stein und Papier, die Abstraktes bildlich machten und Bilder zu geistigen machten (Krämer 2016, S. 61).

Lernen und gemeinsame Tätigkeiten führen uns in unserem schulischen Alltag immer wieder auf solche beschriebenen Flächen in Heften, auf Zeichenblöcken, auf Bildschirmen: um etwas darzustellen, anschaulich zu machen, im Zusammenhang zu zeigen (Krämer 2016, S. 63).

Die Herausforderung besteht nun darin, dass die immer komplexer werdende Welt von den Schüler/innen »gelesen« werden muss – und zwar in den unterschiedlichsten Wissens- und Fachgebieten (vgl. OECD 2018, S. 4 f.). Das will gelernt sein. Ohne eine entsprechende Schulung des bildlichen Denkens gelingt etwa auch die Schulung von Schreib- und Lesekompetenzen nur unzureichend, weil Texte in immer stärkerer Weise multimedial eingebunden sind und Bilder folglich in Texten verankert sind, also »Text-/Bild-Integrationsfähigkeit« als Kompetenz notwendig ist (Christophel et al. 2017, S. 264; Krämer 2016, S. 60; Ware/Warschauer 2005). Schlagen Sie dazu nur ein beliebiges Schulbuch auf und vergleichen Sie die Art der Darstellung mit älteren Lehrwerken. Dieses Verstehen von hybriden Bild-Text-Formen im Zusammenhang ist auch entscheidend, um komplexe Probleme artikulieren und lösen zu können, wie etwa Aufgaben zum Problemlösen der PISA-Studie zeigen (vgl. OECD 2014, S. 50).

Wir wollen Sie dazu einladen, mithilfe dieses Buchs einen neuen Weg einzuschlagen, um Schüler/innen das Lesen und Gestalten unserer Welt aus und mit Bildern und Texten zu ermöglichen.

1.2 Lernlandkarten machen erfinderisch

Haben Sie manchmal das Gefühl, dass Ihnen Lehrpläne keine Zeit lassen, damit Ihre Schüler/innen dem nachgehen können, was sie besonders interessiert, und sich für Aufgaben oder Themen entscheiden können, mit denen sie Freude verbinden (Spencer/Juliani 2016)? Oder ist es sogar so, dass Sie sich herausgefordert sehen, die Aufmerksamkeit Ihrer Schüler/innen im Unterricht auf etwas längerfristig zu fokussieren? Wir stellen Ihnen im Folgenden eine Methode vor, mit der Sie es Ihren Schüler/innen ermöglichen können, erfinderisch zu sein, wenn sie sich in konzentrierter Weise und aus eigenem Interesse mit etwas auseinandersetzen.

Als Ausgangspunkt wählen wir dazu etwas, das uns nicht nur in unserem Alltag vertraut, sondern auch in allen Unterrichtsfächern wesentlicher Bestandteil ist: bildliche Darstellungen aller Art, die in der Literatur als **diagrammatische Darstellungen** bezeichnet werden (Peirce 1901; Bauer/Ernst 2010; Krämer 2016, S. 59). Ob es sich nun um geometrische Beweise, technische Diagramme oder topographische Karten handelt – sie sind immer entstanden und zu benutzen als **Denkwerkzeuge**, insofern sie auf Papier gebrachte **Denkwege** sind (Krämer 2016, S. 84).

Im Folgenden geht es aber nicht vornehmlich darum, *fremde* diagrammatische Darstellungen *zu verstehen*. Dies steht in Fachunterrichten im Vordergrund, wenn etwa statistische Diagramme im Sozialwissenschaftsunterricht Thema sind oder Kartographie im Geographieunterricht. Vielmehr geht es in diesem Buch darum, *selbst* solche Darstellungen *zu produzieren*, um zu einem *tieferen Verständnis* von etwas zu gelangen (Hackl 2014, S. 110). Darüber können Ihre Schüler/innen dann auch in die Lage versetzt werden, *fremde* Darstellungen aufzufassen als Formen, die *fortgesetzt* werden wollen: Indem sie ergänzt, kommentiert, erweitert werden – also indem Ihre Schüler/innen selbst Realität anreichern, z. B. einen erläuternden Text zu einem Diagramm schreiben oder eine topographische Karte durch weitere Ortsinformationen ergänzen. Eine solche Anreicherung von Realität, auch augmentierte Realität genannt, kann ebenfalls elektronisch erfolgen mithilfe entsprechender Programme. Das digitalisierte Lernen und die Arbeit mit Open Educational Resources (OER) werden in Zukunft einem solchen Denken und Arbeiten auf vielfältige Weise neue Umsetzungsmöglichkeiten eröffnen (vgl. dazu auch Kap. 1.5 sowie Muuß-Merholz 2018).

Mit der Anfertigung solcher diagrammatischer Darstellungen unterstützen Sie Ihre Schüler/innen darin, Wissen zu *produzieren* und Lösungen für unerwartete und nicht vertraute Probleme zu finden, statt Wissen nur zu *reproduzieren* und zu Routinelösungen für Probleme zu greifen (North et al. 2106; OECD 2014). Mit anderen Worten: Lernende dazu befähigen, »Probleme zu lösen, von denen wir heute noch gar nicht wissen, dass sie entstehen werden« (Erpenbeck/Sauter 2016, Position 214).

Als Prototyp einer diagrammatischen Darstellung ziehen wir eine topographische **Landkarte** heran, die auf Papier gedruckt oder virtuell durchwanderbar ist (vgl. Krämer 2016, S. 88). Wir können sie nicht nur verwenden, weil sie Erfahrungen, Daten, Wissen, Interesse etc. veranschaulicht (etwa die Erfahrungen, die Gäste in bestimmten Restaurants gemacht haben, wie stark Straßen aktuell befahren sind oder welche Sehenswürdigkeiten sich besonders viele Menschen angesehen haben). Sondern sie macht es vor allen Dingen möglich, etwas genauer zu untersuchen, zu erkunden und davon ausgehend eigene Schlüsse zu ziehen, zu Erkenntnissen zu gelangen, ggf. Entscheidungen zu treffen (etwa welche Arten von Restaurants sich in bestimmten Stadtvierteln befinden, wo sich auf kleinstem Raum viel besichtigen lässt, welche Aktivitäten sich gut an einem Tag miteinander verbinden lassen). Landkarten fixieren also nicht nur ein Territorium, sondern sie können anzeigen, wo *Bewegungen* unterschiedlichster Art stattfinden (Bremner 2017, S. 96).

Die Besonderheit dieses Prozesses liegt darin, dass wir ausgehend von **körperlichen Gesten** (z. B. dem Zeichnen einer Landkarte, dem Wischen auf einem berührungsempfindlichen Bildschirm, dem Bewegen unserer Hände und Arme) **abstrakte Verhältnisse** erlebbar und darstellbar machen können: Wir geraten mit etwas in körperliche und gedankliche *Bewegung*. Das funktioniert in manchen Kulturen schon seit Jahrhunderten mit ausgefeilten Handgesten, um bspw. Verwandtschaftsverhältnisse »in die Luft zu zeichnen« (Enfield 2009, S. 58) und in virtuellen Realitäten ebenso.

Wir wollen ein solches Denken, das mit diagrammatischen Darstellungen verbunden ist, **Landkartendenken** nennen. (In der Literatur findet sich dafür der Begriff diagrammatisches Denken [Peirce 1901].) Wir verwenden den Begriff der **Landkarte** im Folgenden also *nicht* im engen geographischen Sinn.

Wenn wir im Weiteren von ***Lernlandkarten*** *sprechen, dann sind damit* ***Landkarten im diagrammatischen Sinne*** *gemeint, deren Funktion darin liegt, im Schulunterricht Lernprozesse zu strukturieren und zu gestalten und Denkwege, die mit Lernprozessen verbunden sind, aufs Papier zu bringen.*

Wir werden in diesem Buch anhand von Beispielen aus unterschiedlichen Fächern und Jahrgangsstufen zeigen, dass in diesem Landkartendenken auf ganz verschiedenen Ebenen gezeichnet wird (sprachlich, mathematisch, logisch) und die Darstellung von abstrakten Verhältnissen *ins Offene* hinein stattfindet: Es steht zu Beginn noch nicht fest, *wohin* sich der Denkprozess entwickelt; vor allem geht es darum, das (eigene) Woher darzustellen und zu erkunden, um daraus Schlüsse zu ziehen. Wie Hoffmann (2000, S. 32) feststellt, kann im diagrammatischen Lernen auch die Paradoxie des Lernens gelöst werden, wie man vom Nichtwissen zum Wissen kommen kann: »Die Bedeutung diagrammatischen Denkens für das Lernen kann also [...] darin gesehen werden, dass erstens in der Diagrammatisierung ein kontinuierlicher Prozess der Fixierung und Aktualisierung von Möglichkeiten stattfindet und zweitens durch die Beobachtung des eigenen Denkens in Diagrammen ein Experimentieren mit diesem Denken nach subjektunabhängigen Regeln möglich wird.« (Hoffmann 2000, S. 43; vgl. auch Meyer/Jansen 2016, S. 24).

Landkartendenken ermöglicht also eine Form der Wissensarbeit, deren Fokus darauf ausgerichtet ist, Wissen zu produzieren und nicht bloß zu *re*produzieren.

Es ist eine Vorgehensweise, die das eigenaktive, Erkenntnis suchende, kreative Denken in Bildern unterschiedlichster Art ermöglicht – eine Fähigkeit, die auch in der Berufswelt zunehmend wichtiger wird. Sie wird vor allem in den Berufen, in denen Erfindertum und Kreativität gefragt sind, notwendig sein. Das sind Fähigkeiten, die jedes Kind auszeichnet, bevor es seine Schullaufbahn beginnt (vgl. Spencer/Juliani 2016, Robinson/Aronica 2015). Eine Verbindung sehen wir dabei auch zum Lösen von unerwarteten und nicht vertrauten Problemen, die im Berufsleben immer häufiger anzutreffen sind, da Routineprobleme von Computern und Maschinen gelöst werden (OECD 2014, S. 26/89).

Wir wollen Ihnen im Folgenden anschaulich zeigen, wie mit dem Landkartendenken der hohen Textlastigkeit im Unterricht – auf der Basis einer bisher im schulischen Bereich noch ungenutzten Vorgehensweise – entgegengesteuert werden kann.

1.3 Der Drei-Schritt des Landkartendenkens: Veranschaulichen, Erkunden, Schlüsse ziehen

Auf Wissensprozesse, wie sie uns aus der Schule vertraut sind, lässt sich die Nutzung diagrammatischer Darstellungen in Form des Landkartendenkens leicht übertragen (der QR-Code verweist auf ein Video, in dem eine Schülerin an einem Beispiel die drei folgenden Schritte erläutert, abrufbar unter http://www.oncampus.de im Angebot »Vielfalt fördern MOOC«). Zunächst wird in einem **ersten Schritt** in der eigenen Vorstellung dasjenige gefunden, was als thematisch wichtig eingeschätzt wird: Wir finden zeichnend auf dem Papier, was uns in einer bestimmten Situation besonders bedeutsam ist in Bezug auf ein gegebenes Thema (Peirce 1897, S. 163; Nazemi 2016, S. 84). Der Schwerpunkt liegt hier also darauf, dass sich Schüler/innen eigene Wege durch ein Thema erschaffen. In diesem ersten Schritt werden demnach Einzelpunkte gefunden, die jedoch noch nicht bewusst in Beziehung zueinander gesetzt werden müssen.

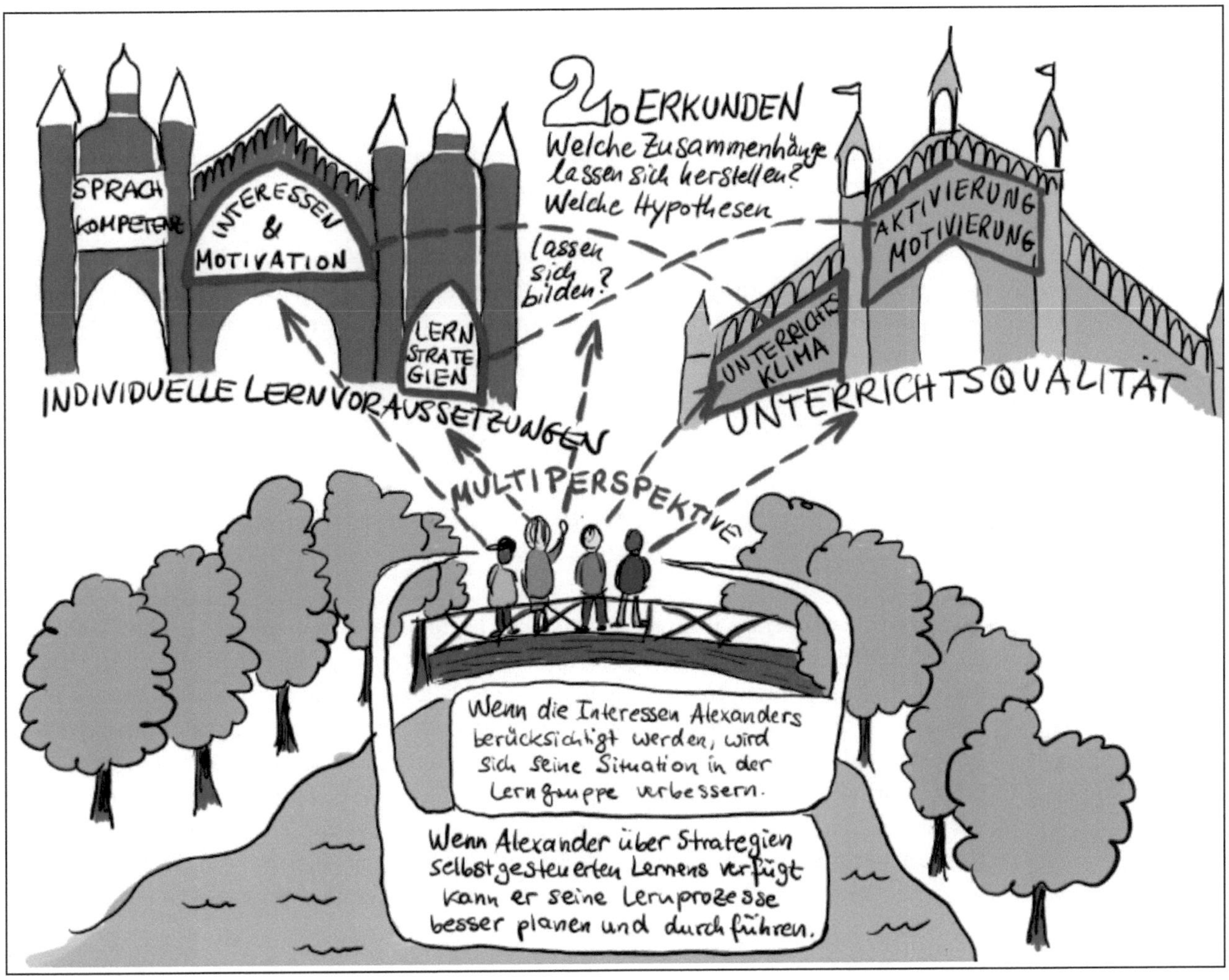

Abb. 1: Standbild aus dem zweiten Teil des Screen-Cast zu schulischer Diagnostik, »Vielfalt fördern MOOC« (Qualitäts- und Unterstützungsagentur – Landesinstitut für Schule NRW/Ministerium für Schule und Bildung des Landes Nordrhein-Westfalen/Bertelsmann Stiftung 2018, Angebot abrufbar unter http://www.oncampus.de)

Dies geschieht erst in einem **zweiten Schritt**: Wir wollen nämlich herausfinden,

- wie das eine mit dem anderen zusammenhängt (Ursache und Abhängigkeit) – und was dabei besonders bedeutsam ist.
- wie ich von dem einen zum anderen komme (Mittel und Zweck) – und was dabei besonders bedeutsam ist.
- welche Schritte aufeinander folgen (Zeit) – und was dabei besonders bedeutsam ist.

Dieser zweite Schritt ist besonders wichtig und Schüler/innen oftmals nicht in ihrem Arbeiten und Lernen vertraut. Gerade in einem Schulsystem, in dem die Vermittlung und Reproduktion von Wissen immer noch sehr stark im Vordergrund steht (vgl. Erpenbeck/Sauter 2016), muss der produktive Aspekt von Wissen besonders berücksichtigt werden: Wie hängen die einzelnen Dinge, die ich weiß, zusammen? Welcher Zusammenhang besteht z. B. zwischen den einzelnen Aspekten, die ich berücksichtigen muss, wenn ich ein gutes Gedicht schreiben will? Wie hängen sie kausal zusammen? Ist eines vielleicht Mittel, um zu einem anderen zu kommen? Wie folgen sie in der Zeit im Produktionsprozess aufeinander?

Im **dritten Schritt** können nun Schlüsse gezogen werden: Entdecken bzw. erkennen Schüler/innen bestimmte Beziehungen, dann entstehen für sie Wissenslücken oder Schritte, die sie noch nicht gegangen sind (Tufte 1997, S. 35/51; Krämer 2016, S. 85). Insofern ist der dritte Schritt meist eine Antizipation dessen, was in der Zukunft des eigenen Lernens liegt.

Diese drei Schritte lassen sich nicht immer trennscharf voneinander unterscheiden, da sie ineinander übergehen und sich bedingen. Dennoch kann, auch graphisch während der Erstellung, gekennzeichnet werden, was in welchem Schritt gezeichnet wurde. Die Prozessualität der Lernlandkarten ist ein entscheidendes Merkmal und sie kann unterstützt bzw. begünstigt werden durch eine elektronische Erstellung und Darstellung, wie im Beispiel-Video, das über den QR-Code zu erreichen ist und sich auf Abb. 1 bezieht:

Die drei Schritte des Landkartendenkens können darüber hinaus auch genutzt werden, um effiziente Dreier-Teams zu bilden oder Gespräche zu strukturieren, in denen wechselnd die drei oben genannten Schritte als *Perspektiven* von Personen eingenommen werden (Bitzer/Meyer/Oleśniewicz 2013; Meyer/Oleśniewicz 2014; Meyer/Meyer 2017): Auf das, was die erste Person darstellt, reagiert eine weitere Person aus der zweiten Perspektive. Die Äußerungen dieser beiden Personen werden dann von einer weiteren Person aus einer dritten Perspektive betrachtet (Meyer/Oleśniewicz 2014; Ryan 2009).

1.4 Eigenschaften und Möglichkeiten von Lernlandkarten

Schauen wir kurz, welche Eigenschaften solche Lernlandkarten besitzen, welche Macht und welche Möglichkeiten in der diagrammatischen Darstellung von Erfahrungen und Daten liegen und wie sie Erkenntnis bedingen und Entscheidungen beeinflussen können.

Die – auch für den Unterricht – wichtigste Eigenschaft von solchen Lernlandkarten ist es, dass sie uns dabei helfen, uns selbst einen Überblick über etwas zu verschaffen (Krämer 2016, S. 65). Informationen können wir über unterschiedliche Wahrnehmungskanäle aufnehmen und verarbeiten. Es ist der visuelle Sinn, der es uns ermöglicht, etwas nebeneinander und damit **im Vergleich wahrnehmen** zu können (vgl. Krämer 2016, S. 304). Diese Fähigkeit, Gemeinsamkeiten und Unterschiede zwischen Phänomenen und Begriffen zu entdecken, ist für das Lernen in der Schule entscheidend.

Das Landkartendenken ermöglicht den Schüler/innen, sich selbst eine Übersicht über etwas zu verschaffen. Der Gewinn liegt dabei darin, dass diese Übersicht für das Auge in der zusammenhängenden diagrammatischen Darstellung von etwas gewonnen wird.

Wie wir gesehen haben, verkörpern Lernlandkarten als diagrammatische Darstellungen unsere Denkwege – sie ermöglichen uns das Herstellen von Zusammenhängen (Kap. 1.3). *Wie* diese dargestellt sind, ist aber meist nicht selbsterklärend. Deswegen laden Lernlandkarten dazu ein, in ergänzenden Texten und Kommentaren, schriftlich oder mündlich, zu erklären, *was* dargestellt, erkundet und gefolgert wurde (vgl. Krämer 2016, S. 60). Lernlandkarten stehen also immer in einem Zusammenhang mit kommentierenden und erklärenden, schriftlichen Texten und mündlichen Äußerungen. Diagrammatische Darstellungen sind »visuelle Behauptungen« (Krämer 2016, S. 78), also **auf Diskussion und Austausch ausgerichtet** (Krämer 2016, S. 75/81).

Das Landkartendenken beinhaltet in der Schule nicht nur das Erstellen von Lernlandkarten, sondern auch den anschließenden Austausch darüber in Gesprächen.

Lernlandkarten sind aber nicht nur auf Kommentierung und Erklärung ausgerichtet, sondern auch auf das Umsetzen in Handlungen (Krämer 2016, S. 77) – etwas, das für das Landkartendenken entscheidende Bedeutung hat. Für den Unterricht in der Schule bedeutet dies, dass Lernlandkarten immer zukünftige Lernwege eröffnen: Sei es, um diese zu planen

(Kap. 2), um sich Themen und Inhalte zu erarbeiten (Kap. 3), um zu üben (Kap. 4), oder um Lernwege zu reflektieren (Kap. 5). Sie dienen also nicht nur der Produktion von Wissen, sondern vor allem dazu, Entscheidungen in Bezug auf Lernprozesse zu treffen und diese in Handlungen umzusetzen und zu reflektieren (vgl. Meyer/Oleśniewicz 2015).

Das Landkartendenken dient in der Schule dazu, zukünftige Lernprozesse zu strukturieren, so dass Entscheidungen getroffen und in Handlungen umgesetzt sowie reflektiert werden können.

Lernlandkarten sind selbst wiederum auch **hybride Formen der Darstellung**, da sie sehr unterschiedliche Elemente miteinander verbinden können: Textelemente, Bildelemente, graphische Elemente etc. Eine Typologie von Lernlandkarten ließe sich entwickeln im Blick darauf, woraus sie entwickelt werden und wie sie entstehen: Lernlandkarten können, wie wir sehen werden, ausgehend von einem bestimmten Bild entwickelt werden, das metaphorisch genutzt wird. Lernlandkarten können auch kartographisch sein, insofern sie ein bestimmtes (meist fiktives) Gelände darstellen. Es ist auch möglich, eine völlig abstrakte Darstellung zu wählen, die im Extremfall nur Linien (Kanten) und Punkte (Knoten) enthält. So würden auch die geometrischen Diagramme aus der Mathematik darunterfallen: Geometrische Darstellungen wurden statt Schrift verwendet, um Schlüsse darzustellen (vgl. Netz 1998).

Diagrammatische Formen können im Extremfall in das übergehen bzw. das enthalten, was wir üblicherweise **Gekritzel** nennen und den meisten Lehrkräften in Heften ein Graus ist, weil es vermeintlich ohne Form und Bedeutung ist (vgl. Driesen 2016) und unter Umständen sogar als Hinweis darauf gelesen wird, dass nicht konzentriert gearbeitet wurde. Dem ist Folgendes entgegenzuhalten: Lehrkräfte beobachten häufig, wie für Schüler/innen das Schreiben von Texten ein eher hinderliches Tun ist, das mit großem Widerwillen und schnell nachlassender Konzentration ausgeführt wird. Beim Anfertigen eigener Zeichnungen entwickeln diese jedoch oftmals eine erstaunliche Motivation und Beharrlichkeit. Dies als unbedeutendes Gekritzel abzutun, verkennt die Tatsache, dass das sogenannte Kritzeln für den/die betreffende/n Schüler/in im Moment seines Vollzugs das bedeutsamste Ereignis im Unterricht darstellt. Hier gibt es offenbar einen Zugang zum **kreativen Potenzial** und zu den individuellen Vorstellungen und Erfahrungen, die über einen textuellen Zugang im Kontext einer schriftlichen Aufgabe verschlossen bleiben (Driesen 2016, S. 20 ff.), wie das im folgenden Beispiel deutlich wird. Bei der Übersetzung innerer Anschauungen in eine äußere Form ist die diagrammatische Darstellung mittels Zeichnungen mit der Hand in seiner Körperlichkeit (vgl. Kraus et al. 2017) der Versprachlichung bzw. Verschriftlichung vor allem dann überlegen, wenn der eigene Wortschatz nicht ausreicht oder angemessen erscheint. Die folgende Lernlandkarte zeigt dies auf den ersten Blick, ohne hier in fachliche Details aus der Unterrichtsreihe im Mathematikunterricht einzugehen (vgl. Kap. 4.2). Bei genauerem Hinsehen zeigt sich, dass verschiedene mathematische Formeln notiert und umgestellt wurden. Eine Herleitung der Zahl Pi – Umfang geteilt durch Durchmesser – findet sich ebenso wie eine sinnvolle Verbindung verschiedener Größen durch Pfeiloperationen. Und dennoch wirkt die Lernlandkarte auf den ersten Blick wie ein Gekritzel – unterstützt auch durch eine fehlende, übersichtliche Struktur.

Lernlandkarten haben immer einen **materiellen Charakter**, insofern sie meistens mit Stift und Papier erstellt werden (Krämer 2016, S. 62). Sie können aber auch elektronisch angefertigt werden mit dafür vorgesehen Applikationen oder Programmen. Das Erstellen von digitalen Lernlandkarten findet inzwischen auch immer stärker Verbreitung (vgl. etwa die Abbildung von Madden 2017 auf der Website der 92. Folge des Policyviz Podcast). Welches Medium zur Erstellung auch gewählt wird: Die Fähigkeit liegt immer darin, abstrakte und geistige Inhalte in eine sichtbare Form zu übertragen.

Diese sichtbare Form ist eine zweidimensionale Fläche. Es handelt sich um Lernland*karten* und nicht um Lernland*schaften* – auch wenn der Übergang im digitalen Zeitalter in Form augmentierter Realität fließend ist. So lassen sich Lernlandkarten einerseits betrachten

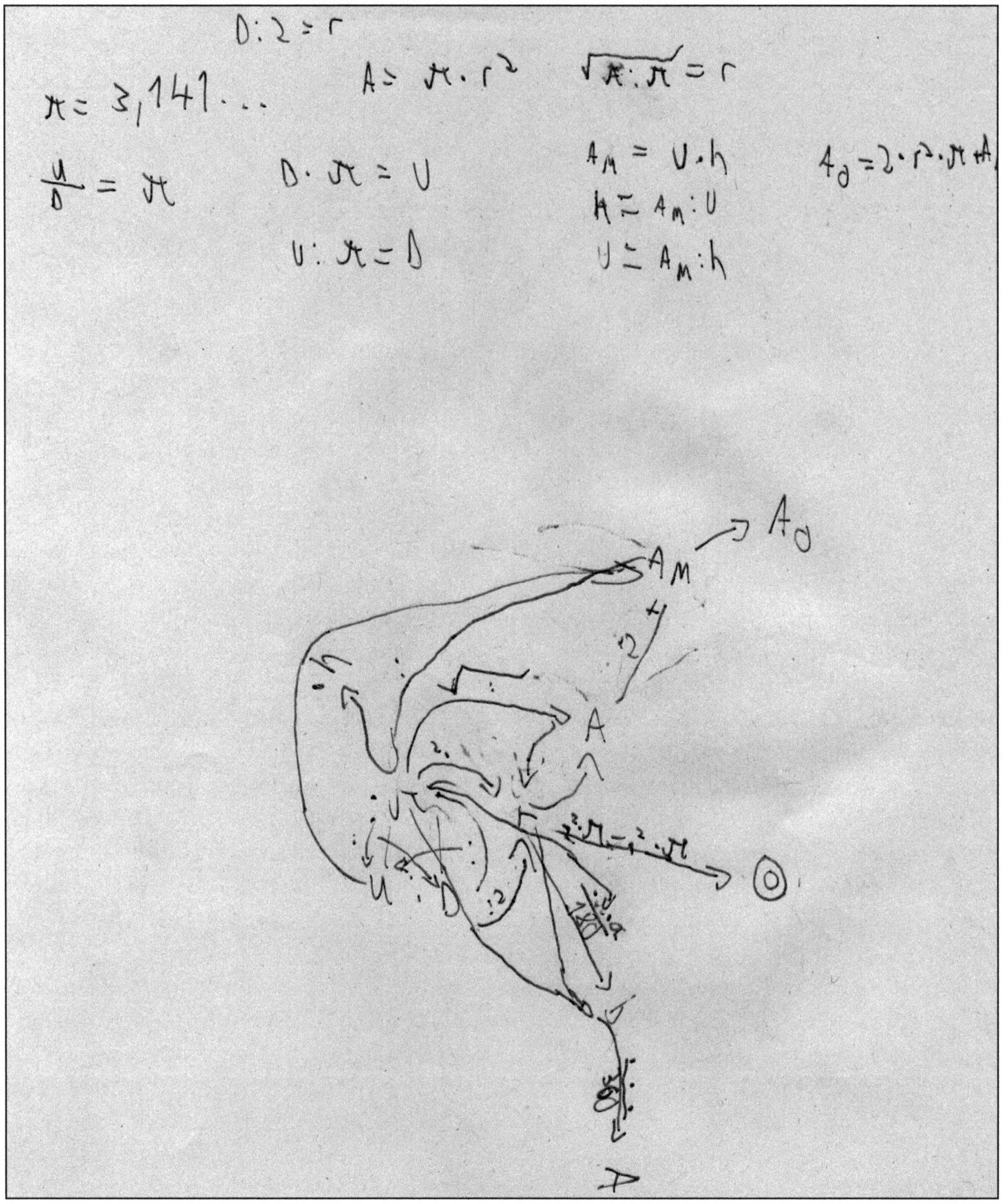

Abb. 2: Lernlandkarte »Kreisberechnungen« (Nikolas Niemann, 9. Klasse)

als Übertragungen aus der dreidimensionalen Welt, die wir immer nur aus einer bestimmten Perspektive erfahren können, auf das zweidimensionale Papier, das uns in Form eines begrenzten Papierblatts erlaubt, die diagrammatische Darstellung zu kontrollieren (vgl. Krämer 2016, S. 65). Der bekannte Grafikdesigner Edward Tufte bringt dies auf den Punkt, wenn er schreibt: »The world is complex, dynamic, multidimensional; the paper is static, flat. How are we to represent the rich visual world of experience and measurement on mere flatland?« (Tufte 1990, S. 9). Insofern wäre ein Blick in die nahe Zukunft interessant, in der es Schüler/innen mithilfe entsprechender Applikationen und Programme möglich sein wird, dreidimensionale, multimediale Landschaften zu erstellen, die ebenfalls dazu dienen können, Abstraktes in eine sichtbare Form zu bringen.

Ungeachtet der materiellen Form beziehen sich Lernlandkarten auf etwas (vgl. Krämer 2016, S. 78 f.) und zeigen zugleich die je eigene Zugangsweise der Autorin bzw. des Autors: Die dargestellten Relationen entsprechen nicht realistisch dem, was wir in der Welt vorfinden. Andererseits überwinden wir die Grenzen der Schrift und ihrer spezifischen Dimension (Tufte 1997, S. 30): Wir bringen zeichnend etwas in die Fläche, das bisher vielleicht nur in Worte gefasst war (vgl. Krämer 2016, S. 68 f.). Eine solche visuelle Übertragung kann zu ungeahnten Erkenntnissen führen: So zog etwa der Arzt John Snow bei der Zuordnung von

Personendaten aus einem Totenregister zur entsprechenden Adresse in einem Stadtplan den Schluss, dass die Häufigkeit der Cholera-Fälle mit der räumlichen Nähe zu einer Wasserpumpe in Zusammenhang stehen muss, und ging damit der Ursache der Epidemie auf den Grund (vgl. Tufte 1997, S. 27 ff.). Sie kann aber im schlimmsten Fall auch über Leben und Tod entscheiden, wie Tufte in Bezug auf das Challenger-Unglück von 1986 gezeigt hat: Die vorhandenen Informationen über Temperaturen beim Start des Space Shuttles und dadurch bedingte Materialschäden wurden der NASA in einer Art und Weise präsentiert, dass die Entscheidung getroffen wurde, den Start trotz niedriger Außentemperatur zu erlauben. Ein Gummiring riss beim Start und die Treibstoffrakete explodierte (vgl. Tufte, S. 38 ff.).

Andere Ansätze 1.5

Lernlandkarten finden – meist unter diesem Namen oder unter dem Namen »kognitive Karten« – schon seit einigen Jahren in der didaktischen Literatur Erwähnung. Meist dienen sie dabei aber allein oder vor allem als Planungsinstrument und das ausschließlich für Lehrkräfte (vgl. etwa Achermann, E./Rutishauser 2016 oder von der Groeben/Kaiser 2012). Wenn sie auch von Schüler/innen erstellt werden (vgl. bspw. Wildt 2009 und Föh 2012), dann handelt es sich oftmals um Landkarten, die vor allem dazu dienen, den eigenen *Kompetenz*stand und dessen Entwicklung im Verlauf einer Unterrichtsreihe anzuzeigen, um darauf aufbauend den eigenen Lernprozess zu planen. Dazu sollen meist kleine Kärtchen in eine Landschaft geklebt werden, die entweder Kompetenzen oder Kompetenzstände anzeigen.

Lernlandkarten können aber funktional und inhaltlich, so haben wir schon vor einigen Jahren gezeigt, in weitaus vielfältigerer Weise im Unterricht eingesetzt werden (vgl. Meyer/Oleśniewicz 2013).

Das visuelle Dokumentieren oder gar Moderieren ist ebenfalls weit verbreitet. Hier steht aber das Aufzeichnen von laufenden Prozessen in Echtzeit (z. B. in Gruppen) im Vordergrund und gerade nicht der individuelle Prozess des Erkundens und Schlüsseziehens.

Lernprozesse weiterentwickeln 1.6

Sie merken, dass wir Ihnen hier keine weitere Methode vorstellen wollen, um etwas zu visualisieren. Vielmehr geht es darum, Ihnen einen *anderen Blick auf Ihren Unterricht insgesamt* zu eröffnen. Einiges wird Ihnen in diesem Buch mit Sicherheit bekannt vorkommen. An vielen Stellen werden Sie im Folgenden an das anknüpfen können, was in Ihrer Unterrichtspraxis und in Ihren Fächern vielleicht schon länger zu Ihrem Repertoire gehört.

Umso leichter wird es Ihnen dann fallen, über die von Ihnen gestalteten Lernprozesse nachzudenken: Das Planen, Erarbeiten, Üben und Reflektieren aus der Perspektive des Landkartendenkens zu betrachten. Es soll nicht nur Potenziale Ihrer Schüler/innen sichtbar und nutzbar machen. Sondern es soll auch eine Unterrichtsentwicklung unterstützen, mit der Lernprozesse schrittweise individualisiert und personalisiert werden. Ihre Schüler/innen sollen die Möglichkeit erhalten, etwas *für sich und über sich zu erfahren*, und damit auch darüber, wie sie sich etwas aneignen und wie sie etwas lernen. Damit steht, wie bereits eingangs bemerkt, nicht die *reproduktive* Leistung im Vordergrund, sondern die *elaborative* (vgl. Echazarra et al. 2016, S. 72). Eine solche Weiterentwicklung von Lernprozessen kann aber nicht allein gelingen: Sie werden darin dann erfolgreich sein, wenn Sie diesen Entwicklungsprozess nicht nur gemeinsam mit Ihren Schüler/innen, sondern auch gemeinsam mit Ihren Kolleg/innen, im besten Fall sogar im Rahmen von Schulentwicklungsprozessen gehen (vgl. Meyer/Jansen 2016).

1.7 Zum Aufbau und zur Verwendung des Buchs

Wir möchten Ihnen in diesem Buch die reichhaltigen Möglichkeiten vorstellen, das Landkartendenken in Ihrem Unterricht als umfassende Art des Lernens und Arbeitens zu nutzen. Deshalb finden Sie in den Kapiteln 2 bis 5 unter den Überschriften »Lernprozesse planen«, »Inhalte und Themen erarbeiten«, »Üben« und »Lernprozesse reflektieren« an Beispielen unterschiedlicher Fächer vorgestellt, wie sich das Landkartendenken einsetzen lässt.

Zur leichteren Orientierung sind diese Kapitel so aufgebaut, dass Sie Beispiele aus der Sekundarstufe I im ersten Abschnitt und Beispiele aus der Sekundarstufe II im zweiten Abschnitt finden. In einem dritten Abschnitt finden Sie jeweils Beispiele, in denen Probleme und Möglichkeiten aufgegriffen werden, denen Sie im Alltag wahrscheinlich auch begegnen. Sie sollen Ihnen Möglichkeiten bieten, das Landkartendenken auf umfassendere Weise in Ihrem Unterricht umzusetzen.

In Kapitel 6 zeigen wir ihnen, wie sich Lernlandkarten von Ihnen und Ihren Schüler/innen beurteilen und ggf. bewerten lassen. Sie finden dazu auch Vorschläge für Selbsteinschätzungs- und Fragebögen, die Sie in Ihrem Unterricht einsetzen können.

Abschließend finden Sie Kopiervorlagen für Ihren Unterricht, die die Arbeit mit dem Landkartendenken erleichtern und unterstützen sollen. Sie finden ebenfalls synoptische Übersichten, die die verschiedenen Vorlagen für das Erstellen von Landkarten zusammenfassend darstellen, und Ihnen, Ihren Schüler/innen und Kolleg/innen hilfreich sein können.

Wir wünschen uns, dass dieses Buch Sie dazu anregt, ganz im Sinne von Etel Adnans Aufforderung: »wir müssen von vorne anfangen« (Adnan 2016, S. 16), mit Ihren Schüler/innen »von vorne anzufangen«, im Wissen darüber, dass es so viel in den Dingen zu entdecken gibt. Verwenden Sie die von uns vorgestellten Beispiele nicht als Vorbilder oder Messlatte, sondern als Anregung, um Ihren eigenen Weg in *Ihren* Fächern mit *Ihren* Schüler/innen zu gehen. Setzen Sie dort an, wo Sie Ihnen Vertrautes entdecken und lassen Sie sich dort anregen, wo Ihnen etwas befremdlich erscheint. Es gibt in den Vorschlägen, die wir im Folgenden machen, keine Hürden zu überwinden oder Erwartungen zu erfüllen: Es wird Ihnen leicht fallen, das zu realisieren, was Ihnen bedeutsam erscheint. Bei allem aber, was Ihnen schwer fällt in der Umsetzung, machen Sie sich klar: In Landkarten zu denken ist manchmal kniffelig, mühselig, anstrengend; und oftmals sehen Landkarten danach aus, als sei das Gelände noch gar nicht vollständig oder genau genug kartographiert. Dann beginnen Sie auf ein Neues, denn dann sind Sie oftmals besonders erfolgreich!

Für alle Fragen, Anregungen und Ideen stehen wir Ihnen zur Verfügung unter: drei.wir@me.com

Erläuterung der Icons

Zur besseren Übersicht führen folgende Icons durch das Buch:

Wegweiser bieten Ihnen konkrete Vorschläge, wie Sie das Landkartendenken im Unterricht umsetzen können.

Tipps geben Ihnen Hinweise darauf, was es aus unserer bisherigen praktischen Erfahrung zu beachten und zu bedenken gilt.

Dieses Icon verweist auf Kopiervorlagen. Die Kopiervorlagen finden Sie auch als Downloadmaterial auf der Produktseite zu diesem Buch unter www.beltz.de.

Grundlagenliteratur zum Weiterlesen 1.8

Achermann, E./Rutishauser, F. (2016): Mit Lernlandkarten unterrichten und lernen. Grundlagen für Eingangsstufe und Primarschule. Bern: Schulverlag plus.

Adnan, E. (2016): Bilder schreiben. Hamburg: Edition Nautilus.

Bauer, M./Ernst, C. (2010): Diagrammatik. Bielefeld: transkript.

Bender, J. (2010): The Culture of Diagram. Standford: SUP.

Christophel, E./Baadte, C./Heyne, N./Schnotz, W. (2017): Diagnostische und didaktische Kompetenz von Lehrkräften zur Förderung der Text-/Bild-Integrationsfähigkeit bei Schülerinnen und Schülern der Sekundarstufe I (DIKOL). In: Gräsel, C. und Trempler, K.: Entwicklung von Professionalität pädagogischen Personals, S. 263–281.

Dick, M./Marotzki, W./Mieg, H. (Hrsg.) (2016): Handbuch Professionsentwicklung. Bad Heilbrunn: Klinkhardt.

Driesen, C. (2016): Theorie des Gekritzels. Berlin Wien: Turia + Kant.

Echazarra, A./Salinas, D./Méndez, I./Denis, V./Rech, G. (2016): How Teachers Teach and Students Learn: Successful Strategies for School. OECD Education Working Paper No. 130. OECD Publishing.

Enfield, N. (2009): The Anatomy of Meaning. Cambridge: Cambridge University Press.

Erpenbeck, J./Sauter, W. (2016): Stoppt die Kompetenzkatastrophe! Berlin: Springer.

Föh, M.-J. (2012): Lernlandkarten: ständige Begleiter im Lernprozess. In: Praxis Schule 5–10, 2, S. 8–13.

Hackl, A. (2014): Der Mehrwert personenorientierten Lehrens und Lernens. In: Weigand, G. u. a. (Hrsg.): Personenorientierte Begabungsförderung. Weinheim: Beltz.

Hessler, J. (Hrsg.) (2015): Map. London: Phaidon.

Hoffmann, M. (2000): Die Paradoxie des Lernens und ein semiotischer Ansatz zu ihrer Auflösung. In: Zeitschrift für Semiotik, 22 (1), S. 31–50.

Jansen, C./Meyer, M. (2016): Diagnostizieren im Dialog. Weinheim: Beltz.

Krämer, S. (2016): Figuration, Anschauung, Erkenntnis. Frankfurt a. M.: Suhrkamp.

Madden, C. (2017): The PolicyViz Podcast #92 sketchnote. Abrufbar unter: https://policyviz.com/podcast/episode-92-catherine-madden/Maier, U. (2015): Leistungsdiagnostik in Schule und Unterricht. Bad Heilbrunn: Klinkhardt.

Meyer, M./Jansen, C. (2016): Schulische Diagnostik. Bad Heilbrunn: Klinkhardt.

Meyer, M./Meyer, M. (2017): Lernen und Entscheiden (eingereichtes Manuskript).

Meyer, M./Oleśniewicz, M. (2013): Lernlandkarten einsetzen – Lernwege sichtbar machen. In: Boßhammer, H./Schüllermann, A. (Hrsg.): Fordern und Fördern in der Sekundarstufe I. Kapitel E.6.5. Stuttgart: Raabe, S. 1–20.

Meyer, M./Oleśniewicz, M. (2014): Erfolgreich studieren – in Teams. Neues Handbuch Hochschuldidaktik. Kapitel C 2.30. Berlin. Raabe, S. 43–63.

Muuß-Merholz, J. (2018): Freie Unterrichtsmaterialien finden, rechtssicher einsetzen, selbst machen und teilen. Weinheim: Beltz.

Nazemi, K. (2016): Adaptive Semantics Visualization. Cham: Springer International Publishing.

Netz, R. (1998): Greek Mathematical Diagrams: Their Use and Their Meaning. In: For the Learning of Mathematics, 18 (3), S. 33–39.

North, K./Güldenberg, S./Dick, M. (2016): Wissensarbeit(er). In: Dick, M. u. a. (Hrsg.): Handbuch Professionsentwicklung. Bad Heilbrunn: Klinkhardt, S. 125–138.

OECD (Hrsg.) (2014): PISA 2012 Results: Creative Problem Solving (Volume V): Students' Skills in Tackling Real-Life Problems. OECD Publishing. DOI: http://dx.doi.org/10.1787/9789264208070-en. Abruf am 20.03.17.

Peirce, C. S. (1901): Charles S. Peirce: REASONING (1901). In: Baldwin, J. M. (Hrsg.): Dictionary of Philosophy and Psychology. New York: Macmillan.

Peirce, C. S. (1897): The Logic of Relatives. In: The Monist, VII, 2, S. 161–217.

Robinson, K./Aronia, L. (2015): Creative Schools: The Grassroots Revolution That's Transforming Education. London: Penguin.

Ryan, P. (2009): The Three Person Solution. West Lafayette: Purdue University Press.

Spencer, J./Juliani, A. J. (2016): LAUNCH: Using Design Thinking to Boost Creativity and Bring Out the Maker in Every Student. San Diego: Dave Burgess Consulting, Inc.

Stjernfeld, F. (2007): Diagrammatology. Dordrecht: Springer.

Tufte, E. R. (1990): Envisioning Information. Cheshire: Graphics Press.

Tufte, E. R. (1997): Visual Explanations. Cheshire: Graphics Press.

Ware, P. D./Warschauer, M. (2005): Hybrid literacy texts and practices in technology-intensive environments. In: International Journal of Educational Research, 43, S. 432–445.

Wildt, M. (2009): Wo stehe ich – wo will ich hin? Lernlandkarten als Mittel zur Selbsteinschätzung und Selbststeuerung. In: Lernchancen, 71, S. 4–7.

2

Mit Lernlandkarten Lernprozesse planen

Sie möchten eine Unterrichtsreihe planen und dabei das Landkartendenken nutzen? Im Folgenden zeigen wir Ihnen zunächst fächerübergreifend alle notwendigen Schritte auf. In den sich anschließenden Kapiteln können Sie anhand ausgewählter Beispiele aus konkreten Fächern und Unterrichtsreihen nachvollziehen, wie sich dies umsetzen lässt.

Übersicht

Schritte für das Planen von Lernprozessen mit Lernlandkarten

1) Geben Sie Ihren Schüler/innen eine einführende Beschreibung für das Erstellen einer Lernlandkarte.
2) Händigen Sie Ihren Schüler/innen eine Arbeitsanweisung zur Erstellung der Lernlandkarten aus.
3) Geben Sie Ihren Schüler/innen, je nach Vertrautheit mit dem Erstellen von Lernlandkarten, Tipps zu den drei Schritten.
4) Lassen Sie die Lernlandkarten erstellen.
5) Geben Sie die Möglichkeit zum Austausch über die Lernlandkarten.
6) Planen Sie von dort aus zusammen mit Ihren Schüler/innen die weiteren Lernprozesse.

2.1 Die einzelnen Schritte im Überblick

KV 5

Nehmen wir an, Sie möchten den Schüler/innen zu Beginn einer neuen Unterrichtsreihe Raum dafür geben, eigenes Vorwissen und eigene Interessen zu aktivieren, um diese in den Planungsprozess einer Unterrichtsreihe miteinzubeziehen und dabei Lernlandkarten erstellen zu lassen (s. KV 5). Sie sollten zunächst in einem **ersten Schritt** in einer einführenden Beschreibung für Ihre Schüler/innen transparent machen, dass Sie diesen **Zweck** mit dem Erstellen von Lernlandkarten verfolgen:

Wegweiser – Vorlage für die Einführung der Arbeit mit Lernlandkarten

Mit der heutigen Stunde beginnen wir eine neue Unterrichtsreihe. Das Thema habe ich euch gerade mitgeteilt. Jede/r von euch bekommt gleich Zeit, über dieses Thema einen Augenblick nachzudenken.

Das Erstellen einer Lernlandkarte soll dir dann dabei helfen, herauszufinden,
- welche Inhalte und Kompetenzen du in Gedanken mit dem Thema der Unterrichtsreihe verbindest, die jetzt beginnt,
- welche Zusammenhänge zwischen den Inhalten und Kompetenzen in deinen Gedanken bestehen,
- was du in der kommenden Unterrichtsreihe gerne lernen möchtest und womit du dich beschäftigen möchtest.

Die fertige Lernlandkarte soll dir dann dabei helfen, deinen Lernprozess in dieser Unterrichtsreihe zu planen.

Durch diese Einführung werden die Schüler/innen darüber *informiert*, dass die Lernlandkarten als Selbstbefragungsinstrument (vgl. Meyer/Jansen 2016, S. 121) dienen, um etwas über sich selbst herauszufinden und die gewonnenen Informationen zur Planung des eigenen Lernprozesses zu nutzen.

Nun geben Sie in einem **zweiten Schritt** den Schüler/innen eine passende **Arbeitsanweisung**. Mit deren Hilfe können Sie und Ihre Schüler/innen möglichst umfangreiche Informationen (vgl. Jansen/Meyer 2016, S. 66) darüber erlangen, welche inhaltlich-thematischen Aspekte individuell bedeutsam erscheinen und über welches Vorwissen die Lernenden verfügen. Eine Formulierung finden Sie in der folgenden »Vorlage für die Arbeitsanweisung«.

Wegweiser – Vorlage für die Arbeitsanweisung

Nimm eine Seite in deinem Heft oder ein Blatt (DIN A4 oder A3) zur Hand.

1) Veranschauliche, welche Inhalte und Kompetenzen du mit dem Thema der kommenden Unterrichtsreihe verbindest.
2) Hebe graphisch hervor, wie die einzelnen Inhalte und Kompetenzen, die du mit dem Thema verbindest, zusammenhängen.
3) Hebe hervor und ergänze, zu welchen Inhalten und Kompetenzen du gerne etwas herausfinden möchtest, was du besonders interessant findest.

Du hast dafür _____ Minuten Zeit.
Arbeite während dieser Zeit für dich alleine und tausche dich mit niemandem aus. Schaue auch nichts in Büchern oder im Internet nach.

Sie finden in der Arbeitsanweisung alle drei diagrammatischen Schritte wieder (Kap. 1): die Veranschaulichung (1), das Erkunden und Untersuchen (2) sowie das Ziehen von Schlüssen (3).

Je nach Vertrautheit der Schüler/innen mit dem Landkartendenken benötigen die Schritte 2 und 3 ein Gespräch, in dem – methodisch als mündliche Befragung (Kap. 6 sowie KV 12; vgl. auch Jansen/Meyer 2016, S. 62) – das Erkunden und Schlüsseziehen explizit vollzogen werden. Auf diese Weise können weitere Informationen gewonnen werden, die bei der Nutzung der Lernlandkarten wichtig sind; sie können ebenfalls, in Form eines Prüfungsgesprächs, Grundlage für eine Beurteilung und ggf. Bewertung sein (Kap. 6). KV 12

Eine zeitliche Vorgabe ist unbedingt erforderlich. Je komplexer die Thematik und je mehr Informationen gewonnen werden sollen, desto mehr Zeit sollte gegeben werden. Als sinnvoll hat sich eine Schulstunde erwiesen, d.h. 45 bis 60 Minuten.

Ebenso ist es wichtig, darauf hinzuweisen, dass jeder für sich alleine eine Lernlandkarte erstellt und dabei nicht auf Hilfsmittel zurückgreift. Der Aktivierungsprozess von Interessen und Vorwissen ist kognitiv anspruchsvoll; um ihn durchlaufen zu können, sind mögliche Vermeidungshaltungen – ich frage jemand anderen, ich schaue schnell etwas mithilfe einer Suchmaschine im Internet nach – auszuschließen. Falls dies von Ihnen erwünscht ist und für die Art des Einsatzes des Landkartendenkens wichtig ist (Kap. 3 bis 5), können natürlich bestimmte Materialien (z.B. selbst gelöste Aufgaben etc.) benutzt werden. Ebenso kann es bei bereits sehr geübten Schüler/innen oder komplexen Themen sinnvoll sein, Lernlandkarten zu zweit erstellen zu lassen. Die Beschreibung muss dann entsprechend geändert werden.

Zusätzlich sollten Sie in einem **dritten Schritt** Hinweise geben, die störende Faktoren ausblenden, die unserer Erfahrung nach unbedingt zu beachten sind:

Wegweiser – Vorlage für Tipps zur Erstellung von Lernlandkarten

1) Wähle in deiner Darstellung Formen aus, die die einzelnen thematischen Inhalte und Kompetenzen anschaulich machen. Versuche, möglichst viele Einzelpunkte zu benennen. Es geht dabei nicht um richtig oder falsch oder darum, wie viel du darüber weißt. Beziehe dich auch auf Erfahrungen und Inhalte außerhalb dieses Fachs und außerhalb der Schule.
2) Mache dir bewusst und in deiner Lernlandkarte kenntlich, wie stark die Verbindungen zwischen den einzelnen Punkten sind (z.B. Breite einer Straße, eines Flusses o.Ä.) und von welcher Art die Verbindungen sind (z.B. Hindernisse und Gefahren auf dem Weg). Kennzeichne, ob die Verbindungen Ursachen, Mittel/Zweck oder eine zeitliche Abfolge darstellen sollen.
3) Deine Interessen können sich darauf beziehen, warum etwas so ist, wozu etwas gut ist, wann etwas passiert.

Diese Hinweise sind unserer Erfahrung nach entscheidend, um möglichst umfassende und aussagekräftige Informationen zu erhalten. Schüler/innen sind sehr daran gewöhnt, dass ihre Leistungen prinzipiell fremdbeurteilt werden, nämlich durch Lehrkräfte. Eigene Wege in der Darstellung (1. Schritt), des Verbindens (2. Schritt) und der Einschätzung (3. Schritt) zu gehen, ist meist nur selten und oftmals nur ergänzend zu den Setzungen durch die Lehrkraft möglich. Je stärker sich aber Schüler/innen gelenkt und eingeschränkt sehen, desto weniger kann sich ein Landkartendenken individuell auf dem Papier entfalten. Oftmals reagieren deshalb Schüler/innen bei der Einführung des Landkartendenkens mit Aussagen wie »Mir fällt aber nichts ein!« oder »Ich weiß aber nichts darüber!«. Hier ist ggf. eine Ermutigung durch Sie als Lehrkraft notwendig: »Folge deinen Gedanken und lasse dich dabei nicht stören von der Frage, ob *ich als Lehrkraft* das für wichtig halte, oder von deiner Befürchtung, dass es falsch sein könnte.«

Im **vierten Schritt** werden die Lernlandkarten erstellt. Sie müssen als Lehrkraft in dieser Phase kontrollieren, dass die festgelegten Bedingungen eingehalten werden: Die Schüler/innen sprechen nicht miteinander; nichts darf nachgeschlagen oder nachgeschaut werden (außer Sie haben dies ausdrücklich in der Beschreibung vorgegeben).

Wenn die Lernlandkarten erstellt sind, ist in einem **fünften Schritt** ein mündlicher Austausch notwendig, damit alle Schüler/innen die Möglichkeit erhalten, sich gegenseitig zu ihren Ergebnissen zu informieren und zu befragen. Eine explizite Formulierung des eigenen Darstellungs-, Erkundungs- und Schlussprozesses ermöglicht es, sich selbst zu vergewissern, was wie gewusst und gemeint ist und welche Bedeutsamkeit es jeweils hat.

Tipp – Reflexionshilfen zur Beurteilung von Lernlandkarten

Die Phase des gemeinsamen mündlichen Austauschs kann auch stärker strukturiert werden durch Leitfragen zur Art der erstellten Lernlandkarten:
Wenn du daran zurückdenkst, wie du deine Lernlandkarte erstellst hast, warst du dann dabei
... vor allem konzentriert auf das Zeichnen und Aufschreiben der *Einzelpunkte*?
... vor allem konzentriert auf die (Art der) *Verbindung* der Einzelpunkte?
... vor allem konzentriert auf *mögliche Erkenntnisse ausgehend von deiner Landkarte*?

Je nach Grad der Individualisierung und Art der Planung kann der mündliche Austausch – am besten in Form eines Marktplatzes – unterschiedliche Funktionen im Planungsprozess haben:

Wegweiser – Austausch über Lernlandkarten

Nutzen Sie den Austausch über Lernlandkarten
- zur gegenseitigen Information,
- zur Vertiefung mündlicher Kompetenzen,
- zur Bildung von Teams.

Nehmen wir nun an, dass in Ihrem Unterricht jede Schülerin/jeder Schüler eine solche Lernlandkarte erstellt hat. Wie können Sie, wie können Ihre Schüler/innen nun diese **Lernlandkarten**, im abschließenden **sechsten Schritt nutzen**, Lernprozesse in ihrem zeitlichen Verlauf zu planen, Ziele zu setzen, Kompetenzen zu erwerben, Aufgaben auszuwählen?

Wegweiser – Lernprozesse als Lehrkraft planen

Nutzen Sie die mittels Lernlandkarten (und ggf. ergänzender Interviews) gewonnenen Informationen, um eine Unterrichtsreihe inhaltlich vorzubereiten: Berücksichtigen Sie dabei vor allem
- fachlich wichtige Sachverhalte, bei denen Sie an vorhandenes Vorwissen anknüpfen können,
- fachlich wichtige Sachverhalte, bei denen Vertiefung und Übung notwendig erscheinen,
- inhaltliche Aspekte, an denen Schüler/innen besonderes Interesse haben,
- Ziele für die Unterrichtsreihe festzulegen,
- Aufgaben auszuwählen.

Sie müssen dies nun im Planungsprozess abgleichen mit den Inhalten und Kompetenzerwartungen, die curricular vorgegeben sind. Erst nach diesem Abgleich können Sie konkreter planen, indem Ziele festgelegt und Aufgaben ausgewählt werden. Bei Letzterem können Sie entweder auf schon bestehendes Material bzw. Schulbücher zurückgreifen oder selbst Aufgaben erstellen.

Möchten Sie Lernprozesse stärker in die Hand von Schüler/innen legen, dann können Sie Lernlandkarten auf andere Weise nutzen:

Wegweiser – Lernprozesse durch die Schüler/innen planen lassen

Schüler/innen können die erstellten Landkaten nutzen, um:
- sich (in Teams) zu den Kompetenzerwartungen passende Lernziele zu setzen,
- sich Aufgaben zu stellen, um Kompetenzen zu erwerben bzw. zu vertiefen,
- im Verlauf des eigenen Lernprozesses zu überprüfen, welche Aspekte bereits erarbeitet wurden, welche Aspekte ggf. noch zu ergänzen sind, welche sachlichen Korrekturen vorgenommen werden müssen.

Schüler/innen können sich also bspw. in unterschiedlichen Teams, ausgehend von ihren Lernlandkarten, eigene Ziele setzen und sich, mit Blick auf die vorgegebenen Kompetenzerwartungen, die ihnen z. B. in Form einer Kompetenzmatrix vorliegen, passende Aufgaben selbst stellen (vgl. Meyer/Oleśniewicz 2015).

Die selbst formulierten Ziele und selbst gestellten Aufgaben verweisen auf den dritten diagrammatischen Schritt: Während des Erstellens der Lernlandkarten haben die Schüler/innen Schlüsse aus den dargestellten Aspekten in Bezug darauf gezogen, was sie gerne herausfinden und genauer wissen möchten.

Die Nutzung der Lernlandkarten für die Planung des eigenen Lernprozesses kann auch beinhalten, diese im Verlauf des Lernprozesses zu ergänzen, was auch die Grundlage für die Verwendung von Lernlandkarten für die Reflexion bilden kann (vgl. Kap. 6). Auch für die Ergänzung von Lernlandkarten sollte eine Arbeitsanweisung vorgegeben werden:

Wegweiser – Arbeitsanweisung Ergänzung

Während der Unterrichtsreihe kannst du deine Lernlandkarte ergänzen mit dem,
- was dir (im Verlauf) besonders wichtig geworden ist,
- was du im Verlauf der Unterrichtsreihe an Wissen erworben hast und was du noch gerne wissen möchtest.

Diese sechs Schritte sollen Ihnen helfen, Lernlandkarten in Ihren Fächern zur Planung von Unterrichtsreihen zu nutzen. Wir wollen Ihnen nun an ausgewählten Beispielen zeigen, wie sich dies konkret umsetzen lässt und was bei der Umsetzung in einzelnen Fächern zu beachten ist.

Lernprozesse planen in der Sekundarstufe I 2.2

Schauen wir uns zunächst ein Beispiel aus der Sekundarstufe I an. Im hier vorliegenden Beispiel haben Fachkolleg/innen in der Jahrgangsstufe 10 im schulinternen Curriculum vereinbart, das vor allem interkulturell herausfordernde Thema »This is India« zum Schwerpunkt einer Unterrichtsreihe zu machen. Es wurden überprüfbare *skills* – ausgehend von den jahrgangsbezogenen Kompetenzerwartungen des Kernlehrplans – festgehalten und den Schüler/innen zu Beginn der Reihe ausgehändigt und vorgestellt. Diese Kompetenzen umfassen sowohl rezeptive (*listening, reading*) als auch produktive *language skills* (*speaking, writing*), wobei die Gewichtung von Reihe zu Reihe variieren kann. Hinzu kommen die Beschreibung der themenbezogenen sprachlichen Mittel (*word fields, vocabulary*) und der interkulturellen (»landeskundlichen«) und methodischen Kompetenzen. Damit werden im Hinblick auf die möglichen Lernwege, die mithilfe einer Lernlandkarte entworfen und beschritten werden können, klare Referenzpunkte bzw. relevante Orientierungsmarken gegeben, die die von außen unvorhersehbaren, individuellen Lernwege in ein Verhältnis zu bestimmten überindividuellen, fachlichen Standards setzen. Das heißt nicht, dass über diese Standards das »Wohin« der Lernwege vorgegeben wird, es verhält sich vielmehr so, dass sich an bestimmten Punkten der Lernlandkarte – bzw. einer individuellen Lernwegplanung – Pflicht und Kür kreuzen müssen, d. h. eine aus einem Thema hervorgegangene eigene Idee, Frage- oder Aufgabenstellung muss sich auch mit bestimmten äußeren Anforderungen verknüpfen lassen. Das hebt die Kontroll- und Selektionsfunktion von Schule nicht auf, ermöglicht aber innerhalb dieses Rahmens ein hohes Maß an Selbstkontrolle.

Tipp

Identifizieren Sie die curricularen Freiräume, bevor Sie die Arbeitsanweisung festlegen. Damit vermeiden Sie im späteren Verlauf Planungskonflikte, die dadurch entstehen, dass sie den Schüler/innen inhaltliche oder thematische Freiräume suggerieren, die curricular nicht gegeben sind.

Auch im Fremdsprachenunterricht, hier im Fach Englisch sollten Schüler/innen zu Beginn einer neuen Unterrichtsreihe Raum haben, eigenes Vorwissen und eigene Interessen zu aktivieren, zumal gerade die mit der für viele Jugendliche bestimmenden angloamerikanischen Kultur einhergehende hohe Bekanntheit des Englischen viele Anknüpfungspunkte bietet. Auch wenn dies zunächst Nähe schafft, muss doch berücksichtigt werden, dass die sprachlichen Hürden größer sind als in der dominanten Unterrichtssprache Deutsch. Das Landkartendenken muss dementsprechend initiiert werden, die sprachlichen Arbeitsanweisungen sollten, wenn sie in der Zielsprache gegeben werden, entsprechend vereinfacht werden. Nach einem einführenden Input zum Landkartendenken mit vielen diagrammatischen Darstellungen wurden den Schüler/innen einer 10. Klasse folgende Hinweise gegeben:

With a map, you can visualize your knowledge, interests and questions about a certain topic. Your map can be a ›guide‹ when

- *you start doing a task*
- *you have finished a task*
- *you want to add new knowledge or new ideas or questions*
- *you explore a new topic*
- *you prepare for tests*

Auch die **Arbeitsanweisung** zur Gewinnung von Informationen zu einem Thema sollte dem Sprachstand der Lernenden angepasst werden. Hier lohnt es sich auf jeden Fall, die Schüler/innen zur Verständlichkeit der Hinweise und Arbeitsschritte zu befragen, um bei erneuter Anwendung ggf. entsprechende Anpassungen vorzunehmen:

Please read all the instructions before you start!
Take a few minutes and think about the topic »This is India«.

Step 1: What belongs to this topic in your opinion? Write down as many ideas as you can. Also, use pictures or symbols to visualize your ideas.
Step 2: How are these things related to each other? For example, draw fat or thin lines to show the relations.
Step 3: Look at your ideas and their relations: Highlight what you find most interesting and what you would like to find out now.

Sketch your answers on a DIN A4 or A3 sheet. Do one step after the other.
- *There is no right or wrong; every thought you have is important and should be written down.*
- *Try to name as many points as possible, regardless of how much you know about them.*
- *Choose a map design you like and which you can create quickly and easily.*

Tipp

Sowohl Beschreibung als auch Arbeitsanweisung und Hinweise können je nach Jahrgang und Fremdsprache das Ergebnis der Erhebung beeinflussen oder sogar stören. Deshalb empfiehlt es sich,
- auf eine möglichst einfache Formulierung in der Fremdsprache zu achten,
- besonderes Augenmerk auf die Erläuterungen zu legen und ggf. Rückfragen zu ermöglichen
- die Schüler/innen zur Verständlichkeit der Hinweise und Arbeitsschritte zu befragen, um bei erneuter Anwendung ggf. entsprechende Anpassungen vorzunehmen.

Da Englisch als klassisches Hauptfach mit hoher Wochenstundenzahl (4 bis 6 45-Minuten-Stunden) erteilt wird, ergeben sich nun im Weiteren gute Ausgangsbedingungen zur Planung und Begleitung von Lernprozessen auf der Basis von Lernlandkarten. Das (fast) immer verpflichtend angeschaffte Unterrichtswerk, das in der Sekundarstufe I zumeist den inhaltlich-thematischen Rahmen, wenn nicht sogar den Ablauf des Unterrichts bestimmt – im extremsten Fall als sogenannte »Page-turner-Didaktik« – wird nun zur Orientierungsgrundlage, zum individuellen Nachschlagewerk, zur Informationsquelle bei Bedarf bzw. zum Steinbruch für individuelles Lernen. Begünstigend kommt hier hinzu, dass die neuesten Auflagen der verfügbaren Schulbücher im Fach Englisch einen hohen Grad der Differenzierung und Diversifizierung (sowohl in ihrer Struktur, als auch durch zusätzliche Materialien und Medien) aufweisen, sodass sowohl leistungsstärkere als auch -schwächere Schüler/innen entsprechend ihren Bedarfen und Interessen zugreifen können.

Eine Schülerin einer 10. Klasse einer Realschule erstellte für sich im Rahmen von 45 Minuten die in Abbildung 3 zu sehende Landkarte.

Im anschließenden mündlichen Austausch gibt die Schülerin an, zunächst einmal viel Zeit dafür verwendet zu haben, sich ein Bild ihres bisherigen Wissens zum Thema zu machen. Das Thema »This is India« erschien ihr zunächst sehr »weit weg«, erst nach einiger Bedenkzeit fielen ihr doch nach und nach etliche Aspekte, die sie auf der Karte festgehalten hat. Interessant ist dabei ihr Einstieg in das Thema: Sie dachte zunächst nicht an konkrete Inhalte, sondern an »TEXT« und »MATERIAL« – gewohnheitsmäßig aufbereitet von der Lehrkraft. Die selbstständige Annäherung an das Thema fiel ihr somit erst einmal schwer. Allerdings war sie selbst beeindruckt von ihren Ergebnissen. Der erste diagrammatische Schritt der **Veranschaulichung** hat ihr dabei geholfen, ihr doch profundes Vorwissen zum Thema zu aktivieren und umfassend darzustellen.

Damit war auch bereits der zweite diagrammatische Schritt der **Erkundung** erfolgt, auch wenn die Karte hier keine konkreten Erkundungsschritte zeigt. In der Karte stehen die einzelnen Aspekte zum Zeitpunkt der Erstellung sogar noch unverknüpft nebeneinander bzw. wird aus der Darstellung deutlich, dass sich daraus keine weiteren Fragen oder Ideen ergeben haben (»*... because they don't really have any relation*«). Erst im gemeinsamen Reflexionsgespräch (Kap. 5.2.1) wurde der Schülerin bewusst, welche Aspekte für sie besonders bedeutsam waren, welche Aspekte Verbindungen aufwiesen (z.B. *rich and poor India; the Hindu religion*). Da das Visualisieren im Unterricht normalerweise nach dem ersten diagrammatischen Schritt endet, ist der Einstieg in die Erkundung eines Themas für die Schülerin erst einmal ungewohnt.

Das Beispiel zeigt, dass das Anfertigen von Lernlandkarten, die über die bloße Veranschaulichung hinausgehen sollen, um neue Erkenntnisse zu schaffen, über Einüben und nachfolgenden Austausch erlernt werden muss.

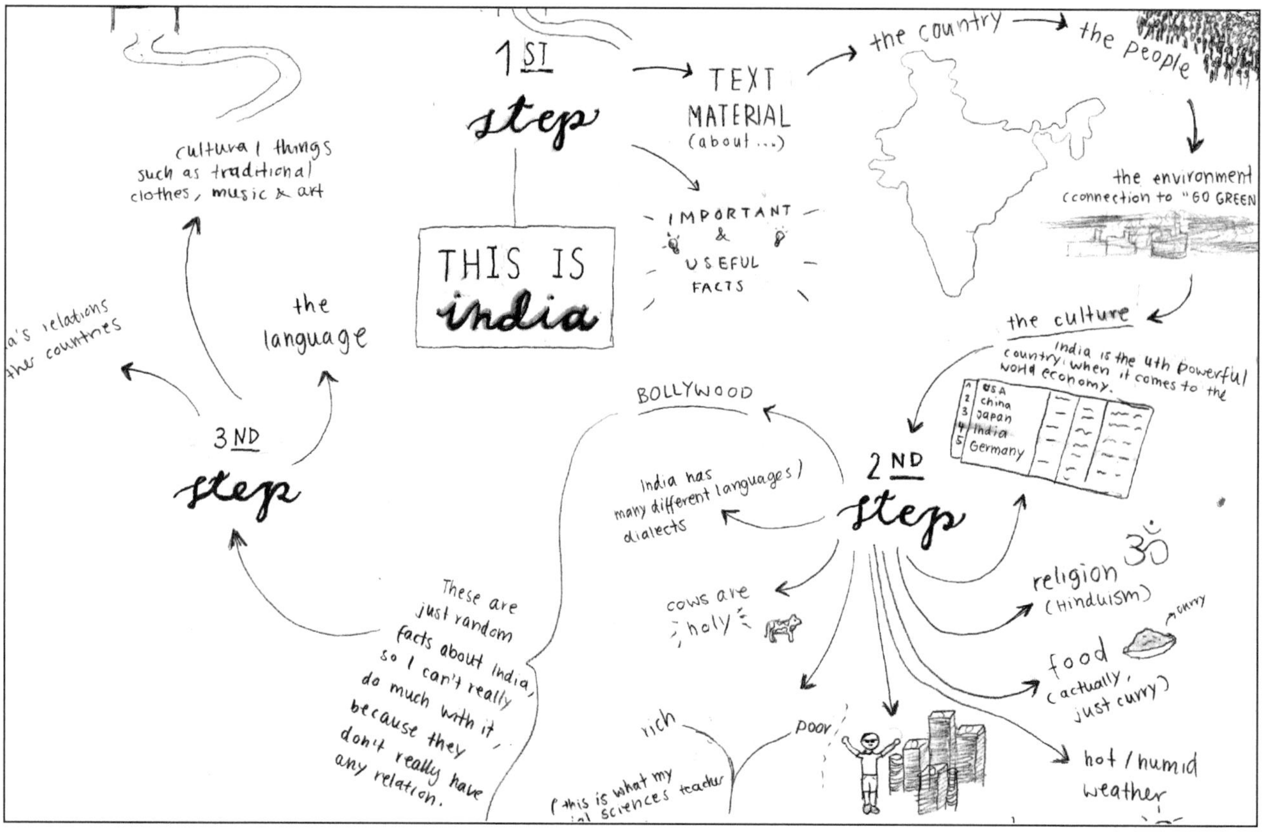

Abb. 3: Lernlandkarte »This is India« (Luisa Brückner, 10. Klasse)

Tipp

Die Phase des gemeinsamen mündlichen Austauschs kann auch stärker strukturiert werden durch Leitfragen zur Art der erstellten Lernlandkarten (vgl. S. ■■ und Kap. 6.2).

Die Schülerin kann nun einen erneuten Blick auf ihre Karte werfen, ihre Erkundungen festhalten, um schließlich zum dritten diagrammatischen Schritt zu gelangen: **Schlüsse zu ziehen** für ihre weitere Auseinandersetzung mit dem Thema. Die reine Veranschaulichung ist im Unterricht in der Regel der erste Schritt, der im Zentrum steht, da in der Schule Visualisierungsmethoden hauptsächlich hierfür Verwendung finden (Kap. 1). Bis auch die Erkundung und das Ziehen von Schlüssen als *bewusstes Tun* vorgenommen werden können, braucht es einige Erfahrung. Immerhin hat die Schülerin bereits die Funktion der zeitlichen Abfolge angewendet (»*START*« – »*END*«), allerdings ohne dies bewusst auf ihren eigenen Lernprozess zu beziehen. Dies macht die Lernlandkarte weder unbrauchbar noch »falsch« – gerade die Reflexion der Karte hat die nachträgliche Erkundung ermöglicht. Dies zeigt auch das zweite Lernlandkartenbeispiel zum gleichen Thema (Abb. 4).

Diese Karte visualisiert eine Reihe von Stichwörtern zum Thema, wobei diese Oberbegriffen (»*People*«, »*traditional*«) zugeordnet werden – eine im Unterricht häufig favorisierte Form der Landkarte als Mindmap. Der erste diagrammatische Schritt gelingt dabei, doch fehlt hier eine Differenzierung der drei Schritte, die in der Arbeitsanweisung vorgegeben waren. Die Schülerin konnte nur mit einigen Schwierigkeiten Unterschiede und Gemeinsamkeiten benennen hinsichtlich der Bedeutsamkeit der genannten Punkte; eine Erkundung des Themas fand so gut wie nicht statt.

Erst in der wiederholten, gemeinsamen Klärung der Hinweise und der Arbeitsanweisungen wurde ihr klar, dass ihre Karte zwar eine »Auffaltung« des Themas darstellt, aber noch keine Schlüsse für den kommenden Lernweg zulässt. Aber auch mit dieser Karte kann weitergearbeitet werden. Es ließe sich bspw. eine zweite Ebene darüber legen (z. B. mittels

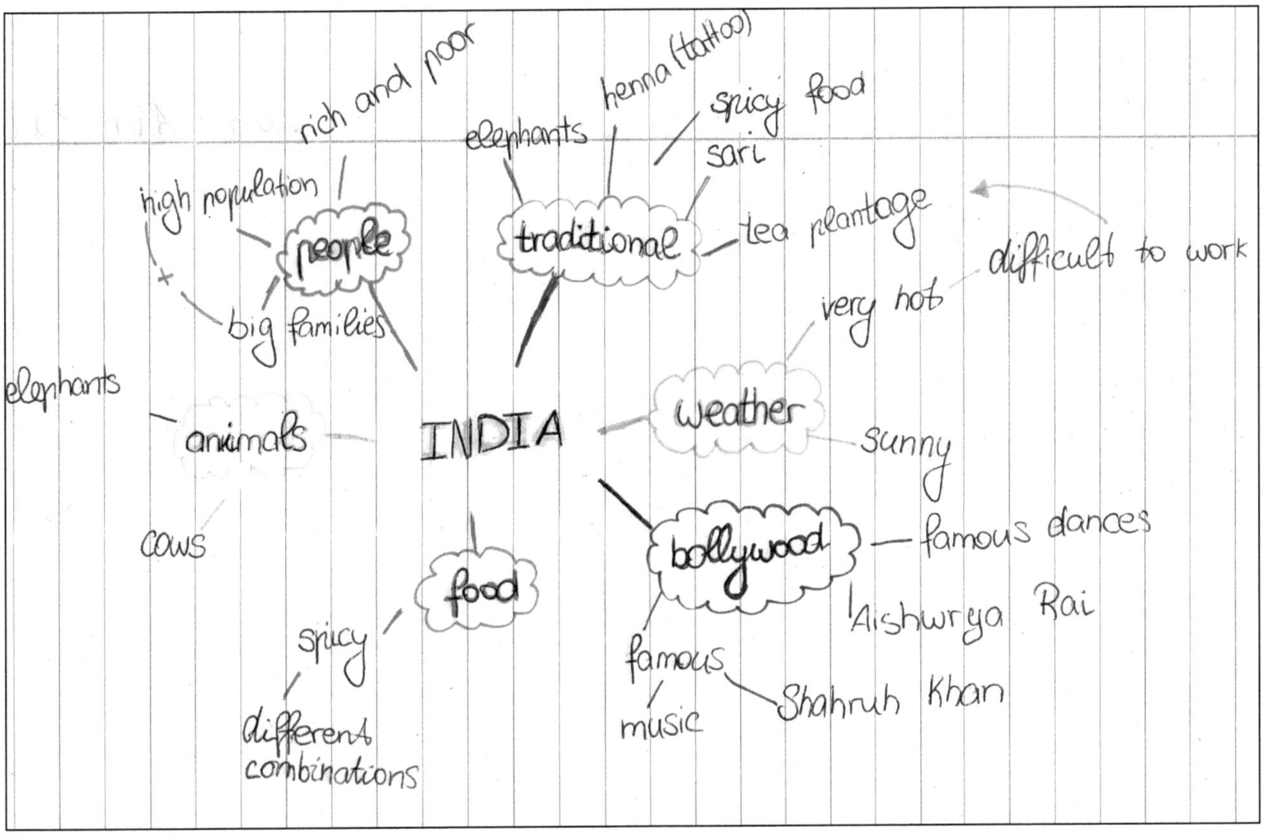

Abb. 4: Lernlandkarte »This is India« (Alvina Savcuka, 10. Klasse)

Folie oder Transparentpapier), auf der nun die Erkundung des Themas erfolgen kann: als Verknüpfung und Erweiterung der bereits genannten Punkte. Darin zeigt sich auch deutlich der Unterschied zwischen »divergentem« Mindmapping und schrittweise vorgehendem Landkartendenken (Kap. 3.4).

Lernprozesse planen in der Sekundarstufe II 2.3

Schauen wir uns nun ein Beispiel aus der Sekundarstufe II an, aus dem Deutschunterricht. Nehmen wir an, dass Sie und die anderen Fachlehrer/innen sich darauf geeinigt haben, ergänzend zu den inhaltlichen Vorgaben im Zentralabitur – Goethe, »Faust, der Tragödie erster Teil« – Brechts »Leben des Galilei« in Ausschnitten zu behandeln. Im schulinternen Curriculum lautet das Thema der Unterrichtsreihe »Wissenschaften und gesellschaftliche Verantwortung«, Sie konkretisieren dies durch die Ergänzung »Vergleich von Heinrich Faust (Goethe) und Galileo Galilei (Brecht)«.

In Ihren **didaktischen Vorüberlegungen** gehen Sie davon aus, dass eine Aktivierung des Vorwissens und eigener Interessen – in Bezug auf Wissenschaften *generell* – notwendig ist. Dies ergibt sich für Sie auch aus der Ausrichtung des Unterrichts im Leistungskurs, hier am Beispiel des Kernlehrplans in NRW: »Im Leistungskurs wird stärker vernetzt und vermehrt wissenschaftspropädeutisch gearbeitet«. Dabei geht es nicht nur um historische Aspekte, sondern auch um die Einteilung und Unterscheidung von Wissenschaften und die konkrete Arbeit als Wissenschaftler, wie sie anhand der Personen Heinrich Faust und Galileo Galilei studiert werden kann. Daraus ergibt sich für Sie folgende Beschreibung und Arbeitsanweisung:

Mit der heutigen Stunde beginnen wir die neue Unterrichtsreihe »Wissenschaften und gesellschaftliche Verantwortung – Vergleich von Heinrich Faust (Goethe) und Galileo Galilei (Brecht)«.
Du bekommst gleich Zeit, über ein Thema einen Augenblick nachzudenken, das im Zentrum dieser Unterrichtsreihe steht.
Das Erstellen einer Lernlandkarte soll dir dann dabei helfen, dir bewusst zu machen,

- *welche Inhalte und Kompetenzen du in Gedanken mit dem Thema »Wissenschaften und gesellschaftliche Verantwortung – Vergleich von Heinrich Faust (Goethe) und Galileo Galilei (Brecht)« verbindest,*
- *welche Zusammenhänge zwischen den Inhalten und Kompetenzen in Bezug auf dieses Thema in deinen Gedanken bestehen,*
- *was du in der kommenden Unterrichtsreihe gerne lernen und womit du dich beschäftigen möchtest.*

Die fertige Lernlandkarte soll dir dann dabei helfen, deinen Lernprozess in dieser Unterrichtsreihe zu planen.

Arbeitsanweisung

1) *Veranschauliche, welche Inhalte und Kompetenzen du mit dem Thema der kommenden Unterrichtsreihe »Wissenschaft(en) – ihre Geschichte, ihre Aufgaben, die Arbeit als Wissenschaftler/in« verbindest.*
2) *Hebe graphisch hervor, wie die einzelnen Inhalte und Kompetenzen, die du mit diesem Thema verbindest, zusammenhängen.*
3) *Betrachte die einzelnen Punkte und ihre Verbindungen. Hebe hervor und ergänze, zu welchen Inhalten und Kompetenzen du gerne etwas herausfinden oder lernen möchtest, was du besonders interessant findest.*

Du hast dafür 45 Minuten Zeit.
Arbeite während dieser Zeit für dich alleine und tausche dich mit niemandem aus. Schaue auch nichts in Büchern oder im Internet nach.

Wir zeigen im Folgenden exemplarisch zwei Lernlandkarten zu dieser Unterrichtsreihe, die beide zunächst unterschiedliche **Funktionen** aufweisen (ausgehend vom zweiten diagrammatische Schritt des Erkundens von Zusammenhängen). Während die eine (Abb. 5) – symbolisch als Stadtplan angelegt – **Abhängigkeitsverhältnisse** (Kap. 1) aufzeigt, verbindet die andere (Abb. 6) verschiedene diagrammatische Elemente, um nicht nur Ursachen und Abhängigkeiten zu erkunden, sondern auch, um **Abläufe in der Zeit** (Kap. 1) darzustellen:

Den in Abbildung 5 gezeigten Stadtplan, der in seiner Form noch an eine Mindmap erinnert (Kap. 3.4), nutzt die Schülerin im ersten diagrammatischen Schritt dazu, Einzelwissenschaften zusammenzustellen, die dann in einem zweiten diagrammatischen Schritt ausgehend von einem Platz in der Stadtmitte in ein Verhältnis zueinander gesetzt werden, so etwa Biologie und Chemie als Naturwissenschaften. Es zeigen sich noch begriffliche Ungenauigkeiten, etwa wenn für die Gegenstände »Sprachen« und »Literatur« der Titel »Sprachwissenschaften« gewählt wird. Die Schülerin ist also dem ersten Hinweis in der Beschreibung gefolgt (vgl. oben) und hat so die Möglichkeit, im Verlauf der Unterrichtsreihe Korrekturen vorzunehmen Kap. 6).

Vor allem aber ging es ihr während des Erstellens der Lernlandkarte im zweiten diagrammatischen Schritt offensichtlich darum, das Verhältnis von wissenschaftlichen Tätigkeiten und Methoden sowie Gegenständen (»Vorgänge«) zu erkunden, ebenso wie Wissenschaftler/innen bzw. bedeutsame »Persönlichkeiten« und bestimmte Wissenschaften (»Fachrichtungen«).

Voraussetzung dafür ist der erste diagrammatische Schritt, nämlich die Aktivierung von bestehendem Vorwissen v. a. aus anderen Unterrichtsfächern (Kap. 4.4). Die Kennzeichnun-

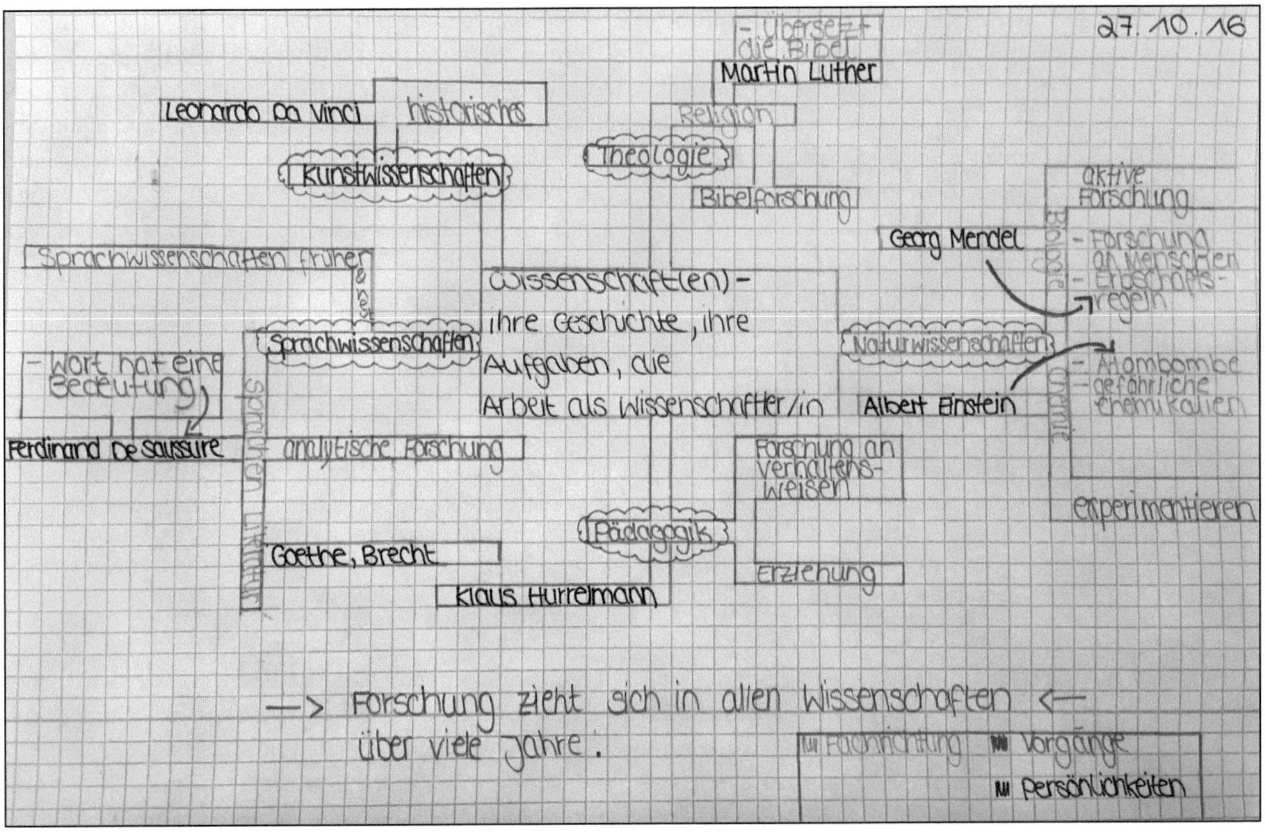

Abb. 5: Lernlandkarte »Wissenschaften« (Caroline Fromkorth, Qualifikationsphase 1 in der Sekundarstufe II)

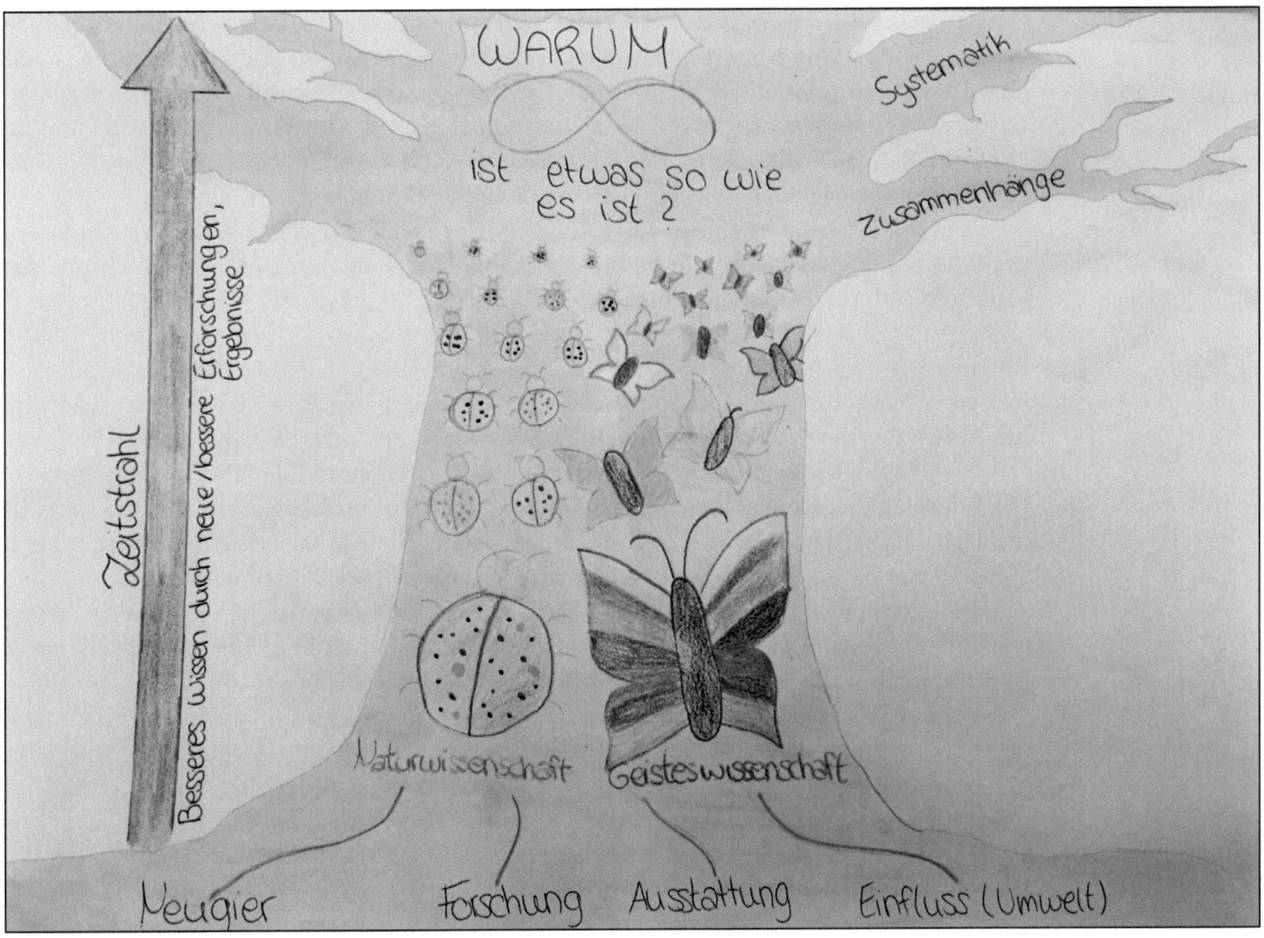

Abb. 6: Lernlandkarte »Wissenschaften« (Melina Esch und Maria Kangelidou, Qualifikationsphase 1 in der Sekundarstufe II)

gen im Stadtplan weisen auf anspruchsvolle Kategorien hin, dem Vorwissen der Schülerin entsprechend (etwa wenn »Erziehung« im Sinne *normativ*-erzieherischer Wirkung und *deskriptiver* »Forschung an Verhaltensweisen« dem »Fachgebiet Pädagogik« zugeordnet werden, wie sie im mündlichen Austausch später erklärt). Dies ist dann schon der dritte diagrammatische Schritt, nämlich Aspekte zu identifizieren, die von besonderem Interesse sind (also etwa der beiden möglichen Aufgaben eines Wissenschaftlers: deskriptiv zu beschreiben und zu erklären, aber auch im normativen Sinne Orientierung im Handeln zu geben, vgl. Latour 2017).

Tipp

Wenn Sie sich Lernlandkarten von Schüler/innen ansehen, bemühen Sie sich darum, das jeweilige Thema mit den Augen der Schülerin/des Schülers zu betrachten und fragen Sie dazu ggf. im mündlichen Austausch gezielt nach. Ermutigen Sie ggf. Ihre Schüler/innen darüber nachzudenken, *warum* Sie bestimmte Dinge aufgeschrieben oder auf eine bestimmte Weise dargestellt haben. Lassen Sie sich ebenfalls nicht ablenken oder irritieren von Darstellungsarten, die Ihnen vielleicht »naiv« vorkommen oder »nicht alters-« oder »anspruchsangemessen«. Sie werden oft erstaunt sein, worüber und wie ihre Schüler/innen nachdenken!

Die Lernlandkarte in Abbildung 6 stellt Abhängigkeiten in einer anderen, stärker ikonischen Form dar: als Baum mit indizierten Wurzeln und Ästen. Ergänzt wird die Darstellung durch einen Zeitstrahl, der das Wachsen des Baumes symbolisch darstellen soll.

In dieser Lernlandkarte erkundet eine Schülerin im zweiten Schritt, woraus sich der niemals abgeschlossene Gang wissenschaftlicher Arbeit – angezeigt durch das Symbol für Unendlichkeit – speist (als Wurzeln) und wozu dies führt (als Äste): Es wird angezeigt, dass wissenschaftliche Arbeit als abhängig von der Art der Erforschung und der Ausstattung mit Geräten sowie von gesellschaftlichen und anderen Umwelteinflüssen gesehen wird. Auch persönliche Faktoren wie die eigene Neugierde werden genannt. Ebenfalls zeigt die Größe und Anzahl der Käfer und Schmetterlinge die immer stärkere Ausdifferenzierung und Spezialisierung der »Geistes-« und »Naturwissenschaften« seit Anbeginn ihrer Entstehung im Laufe der Zeit. Dies führe dazu, dass Gegenstände auf bestimmte Weise systematisiert werden können und sich neue Zusammenhänge zwischen Phänomen ergeben.

Mit Bezug auf den dritten Schritt zeigt sich, welche Schlüsse sich vor allem ziehen lassen mit Blick auf das, was die Schülerin herausfinden möchte und noch nicht weiß – bspw. historisch belegte Forschungsergebnisse, wie dies unter dem Zeitstrahl notiert ist.

Im Folgenden – d.h. in einer bzw. zwei Unterrichtsstunden – tauschen sich alle Schüler/innen gegenseitig über ihre Lernlandkarten aus: Sie bewegen sich frei im Kursraum herum, um Mitschüler/innen zu Ihren Lernlandkarten zu befragen, oder bleiben an ihrem Platz sitzen, um Mitschüler/innen ihre Lernlandkarten **vorzustellen und darüber zu informieren**. Die Schüler/innen nutzen damit diesen Austausch dazu, **mündliche Kompetenzen** zu schulen, fachliche Sachverhalte und Zusammenhänge darzustellen, zu erläutern und zu erklären.

Sie als Lehrkraft können an diesem Austausch natürlich auch teilnehmen, wenn vorab geklärt ist, dass auch Sie zuhören und ggf. nachfragen, um Informationen zu erhalten. Wenn es um Beurteilung und Bewertung geht, sollte dies in einer anderen Phase geschehen bzw. getrennt werden von den Gesprächen mit den Mitschüler/innen (Kap. 6).

Im Verlauf des Austauschs finden sich nun langsam diejenigen Schüler/innen zusammen, die gemeinsame Interessen, Fragen und Ideen (ausgehend von eigenem Vorwissen oder identifizierten Wissenslücken) entdecken. Diese Schüler/innen werden dann vereinbaren, **in einem Team zusammen zu arbeiten** (vgl. Meyer/Oleśniewicz 2014).

Wie können Sie als Lehrkraft die Lernlandkarten dazu nutzen, um die kommende Unterrichtsreihe zu planen? Dazu nehmen wir an, dass auch Sie an dem Austausch teilgenommen haben, um sich umfassend zu informieren.

Blicken wir auf die hier beispielhaft gezeigten Lernlandkarten in Abbildung 5 und 6, so wäre es etwa möglich, auf Vorwissen in Bezug auf die Geschichte der Ausdifferenzierung von Wissenschaften zurückzugreifen. Es ergibt sich in der Zusammenschau der verschiedenen Lernlandkarten eine »Landschaft« der Wissenschaften, ähnlich wie Abbildung 7 eine Landschaft der Märchen zeigt.

Abb. 7: Lernlandkarte »Märchen« (Florida Kadriu, 5. Klasse)

So wie Sie nun in der 5. Klasse in einer Unterrichtsreihe zu Märchen bei der Auswahl von Texten darauf zurückgreifen können, welche Märchen den Schüler/innen bereits bekannt sind, können Sie in der gymnasialen Oberstufe anhand der hier gezeigten Landkarten darauf zurückgreifen, welche Wissenschaften den Schüler/innen (in ihrem Zusammenhang) bekannt sind. Daraus kann sich bspw. ergeben, mit anderen Kursen fächerübergreifend zusammenzuarbeiten bzw. auf Arbeitsergebnisse aus anderen Fächern zurückzugreifen (Kap. 4.4). Ebenso können besondere Interessen berücksichtigt werden, wie etwa die Bedeutung der Neugierde von Wissenschaftlern – ein Aspekt, der in Bezug auf die beiden Personen Heinrich Faust und Galileo Galilei von besonderer Bedeutung ist.

Sie müssen dies nun im Planungsprozess abgleichen mit den Kompetenzerwartungen, die curricular in den Lehrplänen Ihres Bundeslandes und den schulinternen Curricula vorgegeben sind. Erst nach diesem Abgleich können Sie nun konkreter planen, indem Ziele festgelegt werden und Aufgaben ausgewählt werden. Bei der Auswahl von Aufgaben können Sie entweder auf schon bestehendes Material bzw. Schulbücher zurückgreifen oder selbst Aufgaben erstellen.

Möchten Sie Lernprozesse stärker in die Hand von Schüler/innen legen, dann können Sie Lernlandkarten auch auf andere Weise nutzen. In unserem Beispiel haben sich unsere beiden Schülerinnen in unterschiedlichen Dreier-Teams zusammengefunden und sich nun, ausgehend von ihren Lernlandkarten, folgende Ziele gesetzt:

Wir wollen herausfinden, welchen Stellenwert und welchen Einfluss Wissenschaften in verschiedenen Gesellschaften haben.

Wir wollen herausfinden, welche gesellschaftlichen Faktoren wissenschaftliche Forschung beeinflusst haben.

Mit Blick auf die vorgegebenen Kompetenzerwartungen, die den Schüler/innen in Form einer Kompetenzmatrix vorliegen, formulieren die beiden Schülerinnen nun passende Aufgaben für sich:

Ich beurteile und vergleiche, welchen Einfluss die Wissenschaften hatten anhand der beiden Wissenschaftler Heinrich Faust und Galileo Galilei.

Ich untersuche, welchen Einfluss die Ausstattung mit Instrumenten und Geräten auf die Forschungsergebnisse von Galileo Galilei im Vergleich zu Heinrich Faust hat.

Die selbst formulierten Ziele und selbst gestellten Aufgaben verweisen auf den dritten diagrammatischen Schritt: Während des Erstellens der Lernlandkarten haben die Schülerinnen Schlüsse aus den dargestellten Aspekten gezogen in Bezug darauf, was sie gerne herausfinden und genauer wissen möchten.

Die Lernlandkarten werden im Verlauf des Lernprozesses nun entsprechend der in der Einleitung genannten Arbeitsanweisung ergänzt (Abb. 8 und 9).

Abb. 8: Erweiterte Lernlandkarte »Wissenschaften« (Caroline Fromkorth, Qualifikationsphase 1 in der Sekundarstufe II)

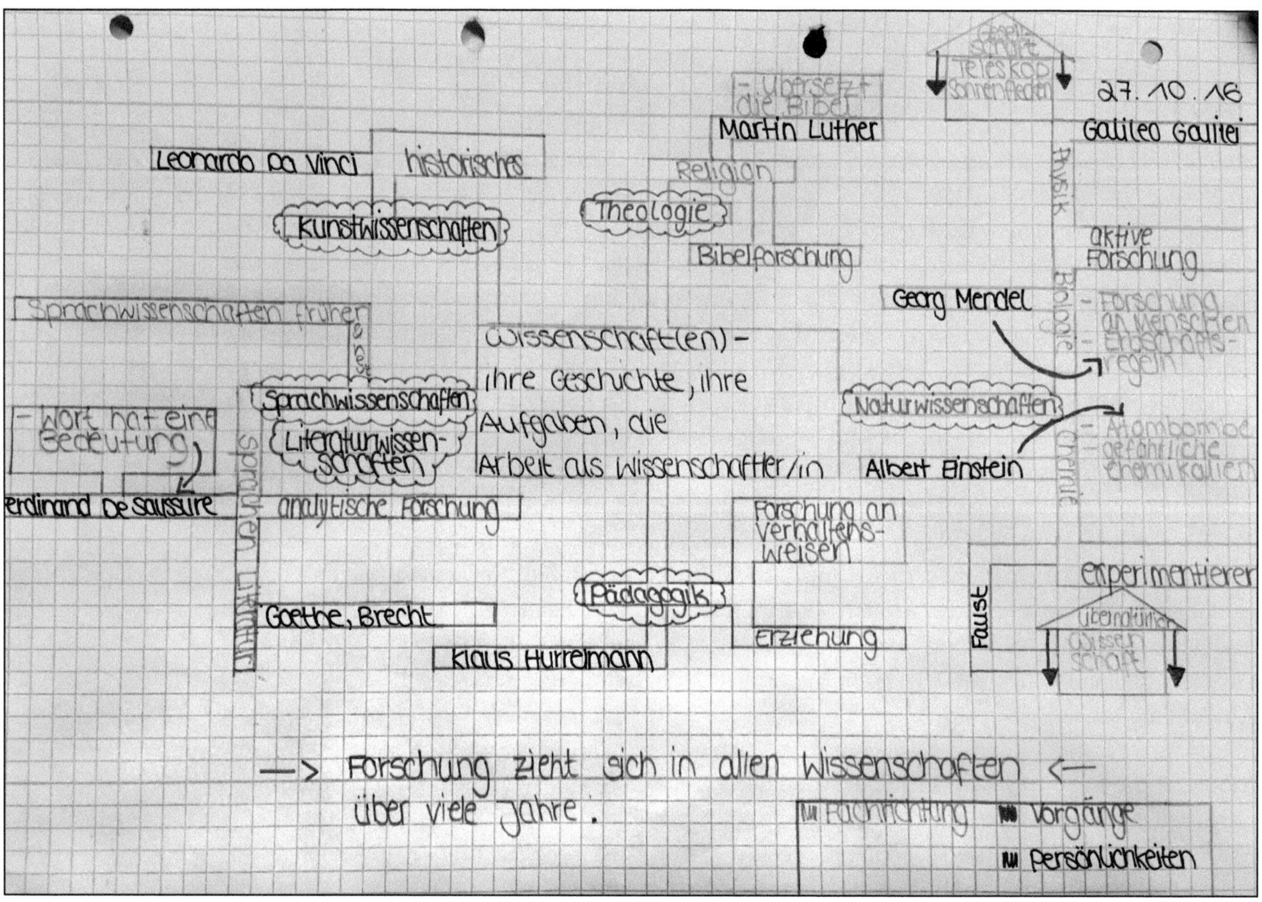

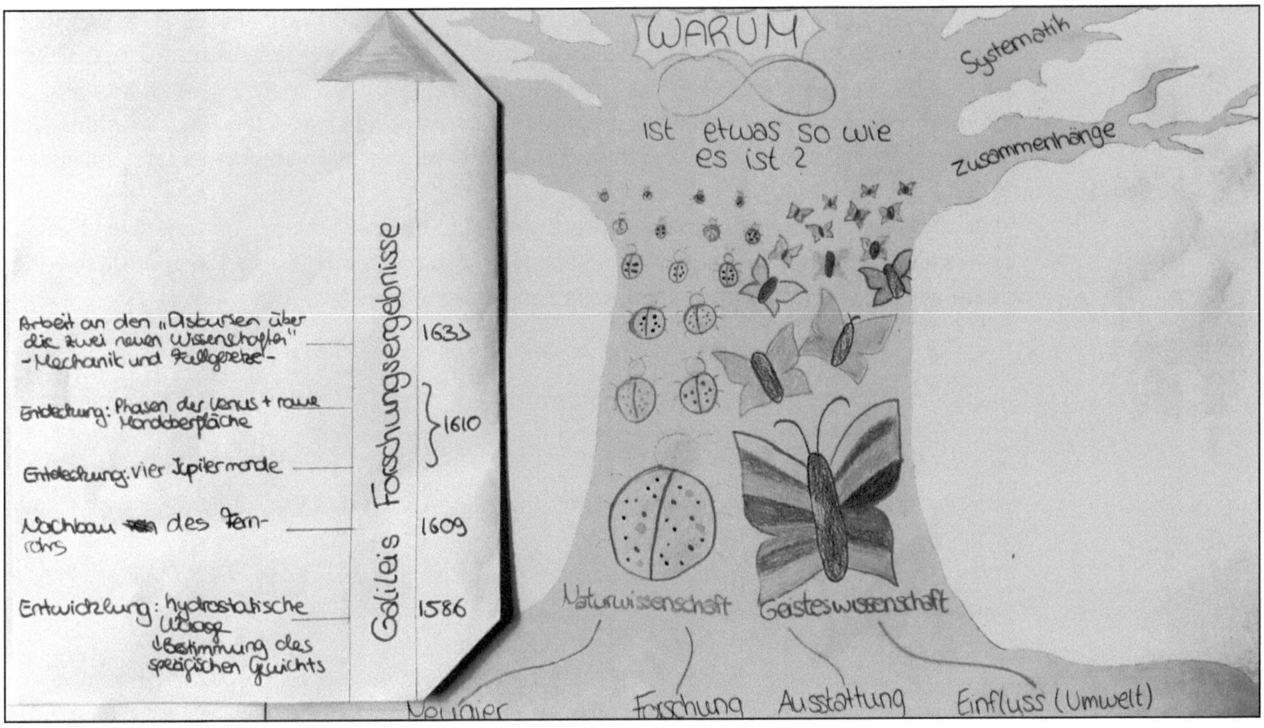

Abb. 9: Erweiterte Lernlandkarte »Wissenschaften« (Melina Esch und Maria Kangelidou, Qualifikationsphase 1 in der Sekundarstufe II)

Die Erweiterung der Baum-Lernlandkarte (Abb. 9) um einen indizierten Zeitstrahl zeigt nun erste Arbeitsergebnisse an. So können die Schülerinnen nicht nur ihren eigenen Lernfortschritt verfolgen, sondern diese Lernlandkarte zur weiteren Planung ihrer Arbeit verwenden – um bspw. zu sehen, welche Aspekte noch nicht behandelt worden sind.

Die Erweiterung der Stadt-Karte (Abb. 8) zeigt nicht nur inhaltliche Korrekturen an – der Begriff der Literaturwissenschaften wurde ergänzt –, sondern auch die Ergänzung von Arbeitsergebnissen in konzentrierter, symbolischer Form: Im mündlichen Vortrag erläutert die Schülerin, dass sowohl im Fall von Heinrich Faust als auch im Fall von Galileo Galilei etwas auf ihren wissenschaftlichen Forschungen lastet und sie in ihrer bisherigen Form erschwert bzw. unmöglich macht: »Übernatürliches« wie die schwarze Magie im Fall Fausts und der kirchliche Einfluss als Form gesellschaftlicher Beeinflussung im Fall Galileis.

Lernprozesse planen – besondere Herausforderungen 2.4

Wenden wir den Blick auf das Fach Praktische Philosophie in der Jahrgangsstufe 5 der Erprobungsstufe, um an einem Beispiel Einsatzmöglichkeiten von Lernlandkarten zur Planung von Unterrichtsreihen zu sehen.

Nehmen wir an, dass das schulinterne Curriculum vorsieht, sich in einer Unterrichtsreihe mit dem Thema »Regeln und Gesetze« im Rahmen des vierten Fragenkreises – »Die Frage nach Recht, Staat und Wirtschaft« – zu beschäftigen (KLP PP 2008, S. 20). Ihr Kurs setzt sich aus Schüler/innen dreier verschiedener Klassen zusammen, die Sie möglicherweise in keinem anderen Fach unterrichten. Der Kurs findet wöchentlich nach dem Doppelstundenprinzip statt.

Um allen Schüler/innen die Möglichkeit zu geben, sich ihr individuelles Vorwissen und die eigenen Interessen zur folgenden Unterrichtsreihe zu vergegenwärtigen, diese darzustellen und zu untersuchen, entscheiden Sie sich, einen möglichst intuitiven Zugang mittels Lernlandkarten als Einstieg zu wählen. Um den Lernprozess von Beginn an so gestalten zu können, dass möglichst viele der von den Schüler/innen angeführten Aspekte in der Unterrichtsreihe Berücksichtigung und Raum finden, legen Sie Wert darauf, dass die Schüler/innen unbeeinflusst alles darstellen, was ihnen zum Thema »Regeln und Gesetze« einfällt. Das ist die Grundlage dafür, um die kommenden Stunden so gestalten zu können, die didaktische(n) Route(n) so planen zu können, dass zu möglichst vielen Einzelpunkten Materialien, Arbeitsanregungen, Aufgaben- und Hilfestellungen, Bilanzformen etc. angeboten werden können.

Um die Schüler/innen also in keine bestimmte Richtung zu lenken, sondern ihren Gedanken tatsächlich freien Lauf zu gewähren, wählen Sie die folgende, wahlweise mündliche oder schriftliche Beschreibung und schriftliche Arbeitsanweisung.

Wir beginnen heute eine neue Unterrichtsreihe. Das Thema der Unterrichtsreihe nenne ich euch, nachdem ich erklärt habe, wie genau wir vorgehen werden, um die Unterrichtsreihe zu beginnen.
Jeder von euch bekommt gleich genug Zeit, um über das Thema nachzudenken, welches wir erarbeiten werden.
Zuerst aber sollst du ganz genau wissen, was du mit den vielen Dingen, die dir zu dem Thema einfallen werden, machen sollst.

Du sollst gleich eine Lernlandkarte erstellen, die zeigt und auf der man ablesen kann, was sich alles zu dem Thema in deinem Kopf befindet. Es soll darauf also alles dargestellt sein, was dir zu dem Thema einfällt.

Das Erstellen der Lernlandkarte soll dir dabei helfen, dass dir klar wird,
- *was für dich alles zu dem Thema dazugehört,*
- *wie die Dinge, die dir einfallen, miteinander verbunden sind und wie sie zusammenhängen,*
- *was du in der kommenden Unterrichtsreihe gerne herausfinden und lernen möchtest,*
- *womit du gerne beginnen möchtest.*

Die Lernlandkarte wird dir jede Stunde dabei helfen zu prüfen, an welcher Stelle du angefangen hast, Dinge zu diesem Thema zu lernen und an welcher Stelle du dich gerade befindest. Dann kannst du am Anfang jeder Stunde feststellen, in welche Richtung, zu welchem Thema es weitergehen soll.

Arbeitsanweisung
1) *Denke darüber nach, was du mit dem Thema »Regeln und Gesetze« verbindest. Das, was dir zuerst einfällt, kann der Ausgangspunkt deiner Lernlandkarte werden. Wenn du davon ausgehst, wird es dir leichter fallen, eine Form für deine Lernlandkarte zu finden. Stelle dann dar, was du noch alles mit diesem Thema verbindest. Das tust du, indem du die Lernlandkarte weitermalst und beschriftest.*
2) *Denke dann darüber nach, wie das alles zusammenhängt und kennzeichne Verbindungen.*
3) *Hebe zuletzt hervor,*
   - *an welcher Stelle deiner Lernlandkarte du beginnen würdest,*
   - *was dich im Moment am meisten interessiert,*
   - *mit welchem Teilbereich des Themas du dich gerne zuerst beschäftigen möchtest.*

Du hast dafür 40 Minuten Zeit.

Sie sehen in Abbildung 10 eine Lernlandkarte, die zu Beginn dieser Unterrichtsreihe entstanden ist. Die in Form einer Straßenkarte erstellte Lernlandkarte erfüllt die Funktion, Abhängigkeitsverhältnisse darzustellen: Es werden unterschiedliche Orte und Institutionen des Lebensraumes der Schüler/innen dargestellt, miteinander verbunden und mit exemplarischen Regeln und Gesetzen versehen.

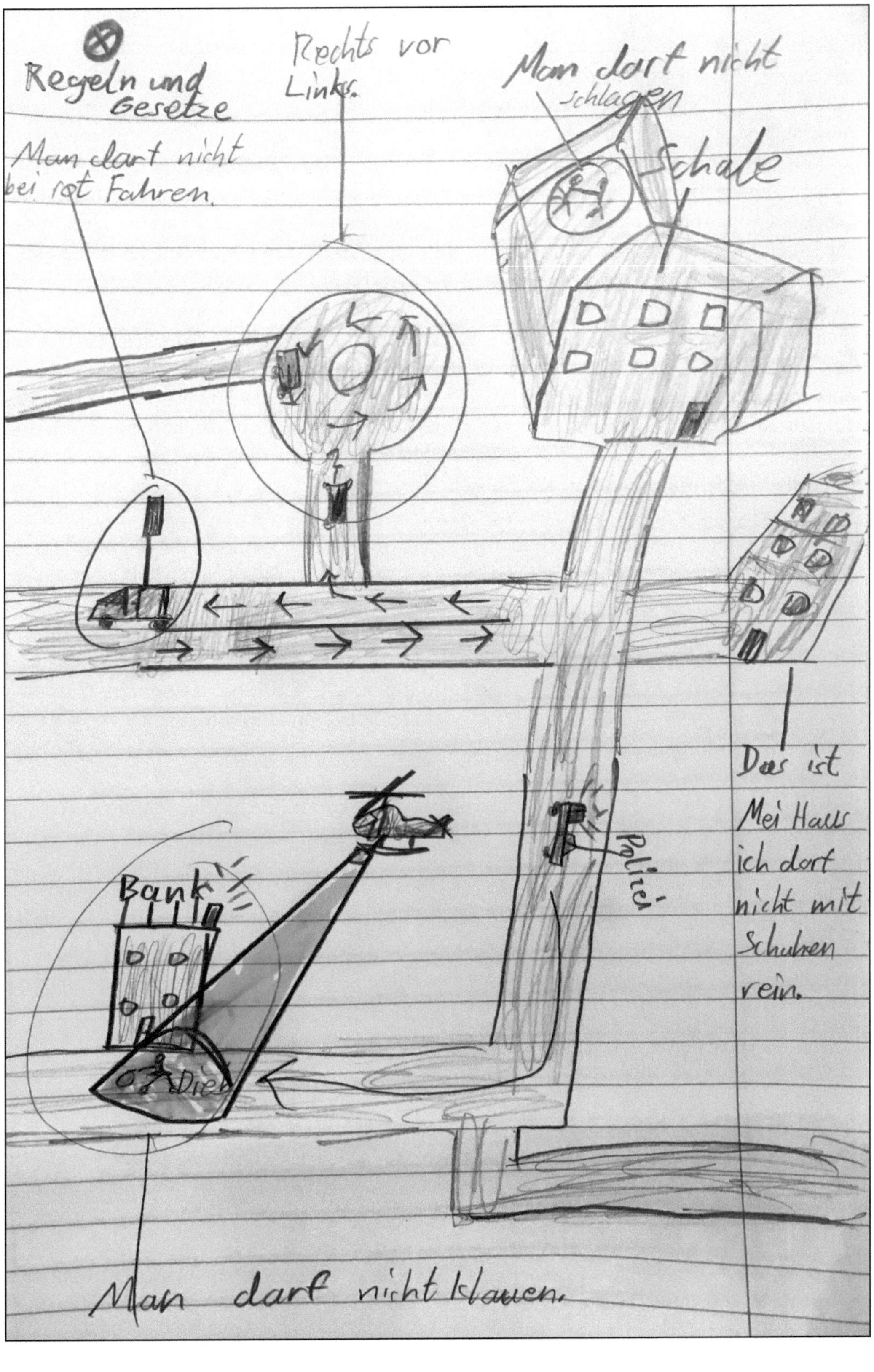

Abb. 10: Lernlandkarte »Regeln und Gesetze« (Aziz Narince, 5. Klasse)

Zuerst fällt dem Schüler die Regel »rechts vor links« ein. Daher wählt er für den Beginn seiner Lernlandkarte die Form einer Straßenkarte: die Regel gilt für Autos im Straßenverkehr und diese Form ist für ihn problemlos zu visualisieren. Gleichzeitig ist dies ein situatives Bild (Kap. 3.2), mit dem er beginnt: Ein Auto fährt eine Straße entlang, auf der es gilt, Verkehrsregeln zu beachten. Er verbleibt in der Form einer Straßenkarte und ergänzt die Informationen, die ihm zusätzlich einfallen, im vorhandenen Straßennetz. Er nutzt den ersten diagrammatischen Schritt dazu, sich zu vergegenwärtigen, in welchen Bereichen seines

Lebens er auf Regeln und Gesetze trifft. So kommt zunächst die rote Ampel hinzu, danach die Schule mit der Regel, sich auf dem Pausenhof nicht zu prügeln, die stellvertretend für alle anderen Regeln und Gesetze dieser Institution steht.

Beim weiteren Nachdenken fällt ihm auf, dass es auch zu Hause Regeln gibt, die von den Eltern aufgestellt werden, nämlich, dass man das Haus nicht mit Schuhen betreten darf. Auch hier steht diese eine Regel stellvertretend für einen ganzen Regelkatalog, der zu Hause gilt. Wieder wird eine Situation als Ausgangspunkt gewählt, die allerdings nicht direkt visualisiert wird (nur das Haus ist zu sehen). Über den Gedanken der Verbote kommt der Schüler auf die Idee, dass es ziemlich viele Verbote gibt, die für alle Menschen in Deutschland gelten, z. B. dass man nicht klauen darf. Stellvertretend für Gesetze, die nicht nur in der Schule oder zu Hause gelten, sondern in einer für den Schüler noch nicht näher zu fassenden Öffentlichkeit, steht hier eine Bank, die offensichtlich von einem sich inzwischen vor der Bank befindlichen Dieb ausgeraubt wurde. Dieser ist als solcher schriftlich gekennzeichnet und einfach zu erkennen. Als der Schüler den Fluchtversuch des Diebes näher ausführen will, fällt ihm noch ein, dass es Instanzen gibt, die dafür zu sorgen haben, dass Regeln und Gesetze eingehalten werden. In diesem Fall wählt er als Instanz die Polizei aus, die den Dieb mit einem Streifenwagen und einem Hubschrauber verfolgt und, laut Aussage des Schülers, fangen und für Gerechtigkeit sorgen wird.

Die geschilderte Abfolge von Gedanken bewegt sich schon auf der Ebene des zweiten diagrammatischen Schrittes, weil der Schüler erkundet, in welchen Bereichen er noch Regeln und Gesetze entdecken kann und nicht einfach nur Einzelaspekte visualisiert, die ihm willkürlich zu dem Thema einfallen. Im Bild eines Stadtteils treten Situationen auf, die auf metaphorischer Ebene die unterschiedlichen Arten von Regeln und Gesetzen miteinander verbinden (Kap. 3.2). Es ist sowohl in der Lernlandkarte selbst lesbar als auch im Gespräch festzustellen, dass sich seine Gedanken ganz systematisch in Lebensbereichen *suchend* bewegten, mit dem Fokus darauf, ob Regeln und Gesetze, und wenn ja, *welche* Regeln und Gesetze dort jeweils gelten.

Abschließend für diese und vorbereitend für die nächste Stunde hat der Schüler durch den Suchscheinwerfer des Polizeihubschraubers gekennzeichnet, dass er seinen Lernprozess mit dieser Thematik beginnen möchte.

Als Lehrkraft stehen Sie nun vor der Herausforderung, dass alle Schüler/innen ihres Kurses eine solche Lernlandkarte erstellt haben und somit möglicherweise 30 unterschiedliche Wünsche für den Einstig in das neue Thema existieren.

Tipp

Um den Wünschen und Ideen Ihrer Schüler/innen gerecht zu werden und keine falschen Hoffnungen zu wecken, haben Sie immer mehrere Möglichkeiten, die Lernlandkarten zur Planung zu nutzen. Gehen Sie dabei entsprechend dem Grad der Individualisierung Ihres Unterrichts vor.

Eine Möglichkeit **im zentral organisierten Unterricht** ist, die Lernlandkarten der Schüler/innen als Lehrkraft einzusammeln und zu Hause zu sichten. Wenn Sie Häufigkeiten auszählen, dann haben Sie recht schnell erfasst, wo die Interessenschwerpunkte Ihres Kurses liegen und wie groß die Bandbreite der Interessen in Bezug auf das Unterrichtsthema ist. Dieser Überblick gibt Ihnen die Gelegenheit, den Gang der Unterrichtsreihe so zu gestalten, dass Sie die Interessenschwerpunkte ebenfalls in den Fokus nehmen, Themen, die von den Schüler/innen gar nicht erwähnt wurden, vorerst beiseitelassen und versuchen, möglichst alle Interessen zu berücksichtigen.

Wenn Sie den Schüler/innen dann die Gelegenheit geben, die entstandenen Lernlandkarten in einem Galerierundgang zu sichten, können diese ebenfalls ein Gespür dafür entwickeln, wie groß die Bandbreite der Interessen ist. Außerdem kann ein solcher Galerierundgang auch mit dem Arbeitsauftrag verbunden sein, die meistgenannten Aspekte herauszufinden und aufzuschreiben; diese können im Plenum gesammelt und angeschrieben werden. Damit würden Sie auch den Schüler/innen transparent machen, wie die Interessenlage des Kurses gewichtet ist und worauf die kommende Unterrichtsreihe daher fokussiert sein wird.

Wenn Sie **binnendifferenziert unterrichten**, dann können Sie, wie im Abschnitt zum zentral organisierten Unterricht dargestellt, vorgehen und auf Grundlage der eingesammelten Karten unterschiedliche thematische und niveaudifferente Aufgaben sowie Materialien erstellen. Diese können Sie dann der Lerngruppe punktuell im Verlauf der Unterrichtsreihe zur Verfügung stellen. Wenn Sie dabei auf die Lernlandkarten verweisen, können die Schüler/innen diese wieder zur Hand nehmen und nachsehen, was sie genau festgehalten haben und was sie von den aufgezeichneten Aspekten schon gelernt haben. Es fällt ihnen auch leichter nachzuvollziehen, warum sie nun welche Route einschlagen (sollen), je nachdem, wer die Entscheidung über die Auswahl des binnendifferenzierten Materials trifft.

Es ist aber auch denkbar, dass Sie gemeinsam mit dem Kurs in die Planung einsteigen und zwei bis drei unterschiedliche didaktische Routen durch das Thema und die Unterrichtsreihe planen, sodass die Schüler/innen schon im Vorhinein (mit Ihrer Hilfe) wählen können und wissen, auf welchen Weg sie sich begeben und wann sie mit welchem Material und welchen Aufgaben arbeiten werden.

Je nach Form des **selbstorganisierten Unterrichts** ist auch der Umgang mit den Lernlandkarten der Schüler/innen ein anderer. Im Folgenden möchten wir Ihnen den Einsatz von Lernlandkarten als Planungsinstrument anhand eines Beispiels vorstellen, das sich auf einen selbstorganisierten Unterricht bezieht, in dem die Schüler/innen neben der Lernlandkarte, die als Art Kompass dienen soll, auch eine Kompetenzmatrix und einen Arbeitsplan vorliegen haben. Diese drei Elemente strukturieren den Lernprozess jeder einzelnen Schülerin/jedes einzelnen Schülers. (In Kap. 5.2 werden wir diese Form des Unterrichts im Rahmen einer Projektarbeit aufgreifen, in der die Schüler/innen selbstorganisiert arbeiten.)

Nachdem die Lernlandkarten einmal erstellt sind und festgelegt ist, mit welchem Thema die Schüler/innen beginnen wollen, wird ihnen zunächst der Arbeitsplan ausgehändigt. Dort sind in den Zeilen die Daten der kommenden Stunden und in je einer Spalte die Kompetenz, die Aufgabe und Bilanzform, also die Form, in der die Schüler/innen ihr Lernergebnis dokumentieren werden, sowie drei Smileys und ein Kommentar vorgegeben (Abb. 11). Die Kompetenzstufen sind hier mit den drei Farben Gelb, Rot, Blau benannt, je nachdem, welche Perspektive im Lernen auf Inhalte eingenommen wird (Meyer/Oleśniewicz 2014, S. 52).

Für die Stunde, in der die Lernlandkarten erstellt wurden, wird dies in das Aufgaben- und Bilanzfeld eingetragen: »Ich erstelle eine Lernlandkarte zum Thema Regeln und Gesetze«. Als Kompetenz tragen die Schüler/innen in das Feld »Meine Kompetenz« ein: »Ich kann meine Interessen und mein Vorwissen zu einem Thema darstellen«. Nach dieser (und jeder anderen) Stunde werden die Schüler/innen dazu aufgefordert, anzukreuzen, wie zufrieden sie mit ihrer eigenen Leistung und ihren eigenen Ergebnissen in der jeweiligen Stunde sind. Die Kommentarspalte füllt die Lehrkraft aus. Sie trägt in Laufe der Unterrichtsreihe ein, wie gut den Schüler/innen welche Dinge schon gelingen und was noch wie verbessert werden kann. So behalten Sie als Lehrkraft einen Überblick über die Leistungen der Schüler/innen und diese selbst auch, für die dieses Vorgehen besonders transparent ist.

Ist die Arbeit mit dem Plan eingeübt, kann die Kompetenzmatrix vorgestellt werden. In ihr sind alle Kompetenzen aufgeführt, die die Schüler/innen nach der Unterrichtsreihe beherrschen sollen, und sie bildet den curricularen Rahmen, in dem sich die Schüler/innen frei bewegen können. Versehen sind die einzelnen Kompetenzen in der Kompetenzmatrix mit Angaben zum Material (was wo im Buch zu finden ist, welches Zusatzmaterial in Kopie bereitliegt und zu welcher Kompetenz gehört etc.).

Kompetenzmatrix Praktische Philosophie 5 **Die Frage nach Recht, Staat und Wirtschaft – Regeln und Gesetze** Meyer
Name: Arbeitsplan

Datum	Meine Kompetenz	Meine Aufgabe und Bilanzform	☹	😐	☺	Kommentar/Progression/ Bewertung
24.11. 2016	Ich kann meine Interessen und mein Vorwissen darstellen	1. Std.: Ich erstelle eine Lernlandkarte zum Thema Regeln und Gesetze (und lege ein Glossar an) 2. Std.: Einführung in die Arbeit mit der Kompetenzmatrix				
01.12. 2016	Z.B.: GELB1 / ROT 2 / BLAU3 **GELB 1**	Ich löse auf S. 89 Nr. 1 und 2 und 3 in Form von…				
08.12. 2016						
15.12. 2016						
22.12. 2016	Ich kann anderen meine Arbeitsergebnisse erläutern	2. Std. Plenumsstunde (Ergebnispräsentation)				
23.12-06.01. 2017		Weihnachtsferien				
12.01. 2017						
19.01. 2017						
26.01. 2017	Ich kann anderen meine Arbeitsergebnisse erläutern	2. Std. Plenumsstunde (Ergebnispräsentation)				

Abb. 11: Beispiel eines Arbeitsplans (s. KV 1)

Tipp – Lernlandkarten kombinieren in selbstorganisierten Lernprozessen

Die kombinierte Anwendung von Lernlandkarten mit Arbeitsplänen zur Dokumentation und Kompetenzmatrizen als Referenzrahmen ermöglicht es den Schüler/innen, sich in ihren Lernprozess zu begeben, diesen zu planen und zu gestalten.

Zu Beginn jeder Stunde wird gemeinsam der Arbeitsplan aufgeschlagen und man verortet sich: An welcher Stelle habe ich letzte Stunde aufgehört zu arbeiten? Bin ich mit einer Aufgabe fertig oder muss ich noch etwas zu Ende bringen? Wenn ich mit einer Aufgabe fertig bin: Beherrsche ich die Kompetenz, zu der die Aufgabe gehört? Falls nicht: Was fehlt mir noch, um sie zu erlangen? Falls ja: Womit mache ich weiter?

Die Schüler/innen werfen spätestens an dieser Stelle auch einen Blick auf ihre Lernlandkarten und stellen sich wiederum die Fragen: Wo stehe ich gerade? Wo bin ich langgegangen? Bin ich den Weg gegangen, den ich gehen wollte oder habe ich vielleicht einen Umweg oder eine Abkürzung genommen? Habe ich die Themen, mit denen ich mich beschäftigen wollte, schon bearbeitet? Habe ich mich mit anderen Themen beschäftigt, die ich gar nicht auf meiner Lernlandkarte vermerkt hatte? (An dieser Stelle wäre dann die Erweiterung der Lernlandkarte um das bearbeitete Thema/den bearbeiteten Aspekt angebracht.) Welches Thema interessiert mich jetzt an dieser Stelle am meisten? Welchen Weg möchte ich gehen? Was steht mir im Weg und was brauche ich dafür, den Weg gehen zu können?

In diesem Prozess spielen Sie selbstverständlich auch eine wichtige Rolle, denn man kann nicht davon ausgehen, dass Schüler/innen solche komplexen Vorgänge im Lernprozess einfach beherrschen. Dieser Prozess muss unterstützt, angeleitet und eingeübt werden, um den Schüler/innen Routine und Sicherheit bei solchen Vorgehensweisen zu geben. Auch Helfersysteme und Teamarbeit sind vielversprechende und erfolgreich erprobte Maßnahmen zur Strukturierung von Lernwegen in solchen Prozessen. Sobald alle Fragen geklärt und beantwortet sind, können die Schüler/innen ihre Arbeit beginnen und ihre Lernzeit nutzen.

Sozialformen können ebenso flexibel eingesetzt werden, wie die Schüler/innen die Aufgaben wählen können. Alles ist machbar, solange es für den Lernprozess der/des Einzelnen Sinn macht und zuträglich ist. Selbstverständlich sind solche Setzungen aber je nach Altersstufe ggf. von Ihnen zu machen.

Tipp – Routinen entwickeln: zunächst für sich allein

Die Schüler/innen Lernprozesse in ihrer Komplexität für sich planen zu lassen und währenddessen Lernlandkarten einzusetzen, ist nicht von Beginn an und in jeder Jahrgangsstufe gleich gut möglich. Die Praxis hat gezeigt: Sinnvoll ist es, die Schüler/innen zunächst in Einzelarbeit beginnen zu lassen, damit sie eine gewisse Routine im Organisationsablauf von Unterrichtsstunden entwickeln können, bevor weitere Flexibilität eingebaut wird.

Auch muss je nach Altersstufe zunächst die Anzahl möglicher Bilanzformen für die Lernprodukte begrenzt werden, denn eine zu große Auswahl stellt oft noch eine Überforderung dar. Eine gute Lösung ist, zur Einübung zunächst Bilanzformen vorzugeben, aus denen die Schüler/innen dann auswählen können. Welche Kompetenz und welche Aufgabe dann aber in welcher Bilanzform bearbeitet wird, können Sie wiederum den Schüler/innen selbst überlassen. Dazu können sich Ihre Schüler/innen wieder an ihren Lernlandkarten orientieren – und sie können am Ende jeder Stunde wieder die Arbeitspläne aufschlagen und prüfen: Habe ich eingetragen, an welcher Kompetenz und welcher Aufgabe ich heute gearbeitet habe? Falls das noch nicht geschehen ist, ist an dieser Stelle noch genügend Zeit, es nachzuholen. Dass der Arbeitsplan präzise geführt wird, ist wichtig: Die Schüler/innen werden Sie erst in einer Woche wiedersehen und sie sollen sich dann daran erinnern können, wo sie in der letzten Stunde stehen geblieben sind.

Die letzte zu beantwortende Frage zum Abschluss der Doppelstunde lautet: Wie zufrieden bin ich mit dem, was ich heute erarbeitet habe? War es sehr gut, eher mittelmäßig oder schlecht? Diese Selbsteinschätzung dient sowohl Ihnen als auch den Schüler/innen dazu, Hinderniserfahrungen und Veränderungswünsche wahrzunehmen und formulieren zu können. Denn ist eine Schülerin oder ein Schüler in mehreren Stunden unzufrieden mit sich selbst und dem eigenen Lernprozess, dann muss herausgefunden werden, woran es liegt und wie man es gemeinsam verändern kann.

3

Inhalte und Themen mit Lernlandkarten erarbeiten

Sie möchten, dass sich Ihre Schüler/innen Inhalte und Themen erarbeiten und dabei das Landkartendenken nutzen? Im Folgenden zeigen wir Ihnen zunächst fächerübergreifend alle notwendigen Schritte auf. In den sich anschließenden Kapiteln können Sie anhand ausgewählter Beispiele aus konkreten Fächern und Unterrichtsreihen nachvollziehen, wie sich dies umsetzen lässt.

Übersicht

Schritte für das Erarbeiten von Inhalten und Themen mit Lernlandkarten

1) Geben Sie Ihren Schüler/innen eine einführende Beschreibung für das Erstellen einer Lernlandkarte.
2) Händigen Sie Ihren Schüler/innen eine Arbeitsanweisung zur Erstellung der Lernlandkarten aus.
3) Geben Sie Ihren Schüler/innen, je nach Vertrautheit mit dem Erstellen von Lernlandkarten, Tipps zu den drei Schritten.
4) Lassen Sie die Lernlandkarten erstellen.
5) Geben Sie bei Bedarf die Möglichkeit zum Austausch über die Lernlandkarten.
6) Planen Sie von dort aus zusammen mit Ihren Schüler/innen die weiteren Lernprozesse.

Die wichtigsten Schritte im Überblick 3.1

KV 6

Sie möchten im Verlauf einer Unterrichtsreihe Lernlandkarten dafür nutzen, dass sich Ihre Schüler/innen Inhalte und Themen erarbeiten (s. KV 6). Bereits in der Einleitung haben wir erläutert, welche Bedeutung dem Landkartendenken in der gedanklich-handelnden Auseinandersetzung mit der Welt zukommt (Kap. 1.1). Nun wollen wir Ihnen im Folgenden an konkreten Beispielen zeigen, wie das Landkartendenken eine inhaltliche Auseinandersetzung ermöglichen kann, die herausfordernd ist und das Erkunden von Zusammenhängen und das Ziehen von Schlüssen einschließt.

Machen Sie in einem **ersten Schritt** in einer einführenden **Beschreibung** Ihren Schüler/innen transparent, dass Sie den in der folgenden Vorlage dargestellten **Zweck** mit dem Erstellen von Lernlandkarten verfolgen.

Wegweiser – Vorlage für die Einführung der Arbeit mit Lernlandkarten

In der heutigen Stunde hast du Zeit, dir Inhalte zu erarbeiten, die in dieser Unterrichtsreihe wichtig sind.
Das Erstellen einer Lernlandkarte soll dir dann dabei helfen, herauszufinden,

- welche Inhalte und Kompetenzen du als bedeutsam einschätzt für das Thema, mit dem du dich gerade beschäftigst,
- welche Zusammenhänge zwischen den Inhalten und Kompetenzen du für bedeutsam hältst,
- was du in Bezug auf dein Thema noch genauer verstehen willst.

Die fertige Lernlandkarte soll dir dann dabei helfen, einen Überblick über ein bestimmtes Thema bzw. über bestimmte Inhalte zu bekommen.

Durch die einführende Beschreibung werden die Schüler/innen darüber **informiert**, dass die Lernlandkarten dazu dienen, sich einen Überblick über ein bestimmtes Thema oder bestimmte Inhalte zu verschaffen, der über eine reine Sammlung von Begriffen hinausgeht (Kap. 3.4).

Tipp

Die Erstellung von Lernlandkarten kann auch individuell erfolgen und muss nicht durch alle Schüler/innen zum selben Zeitpunkt geschehen. Dann können Lernlandkarten, die zum Erarbeiten erstellt werden, als eine Lernleistung bewertet und beurteilt werden (Kap. 6).

Nun benötigen Sie in einem **zweiten Schritt** eine passende **Arbeitsanweisung.** Mit deren Hilfe können Sie und Ihre Schüler/innen möglichst umfangreiche Informationen darüber erlangen, über welches Wissen die Schüler/innen verfügen und welche inhaltlich-thematischen Aspekte individuell bedeutsam sind. Eine entsprechende Arbeitsanweisung kann wie folgt lauten:

Wegweiser – Vorlage für Arbeitsanweisung

Nimm eine Seite in deinem Heft oder ein Blatt (DIN A4 oder A3) zur Hand.

1) Veranschauliche, welche Inhalte und Kompetenzen deiner Ansicht nach für dieses Thema wesentlich sind.
2) Hebe graphisch hervor, welche Zusammenhänge zwischen den einzelnen Inhalten und Kompetenzen deiner Ansicht nach wesentlich sind.
3) Hebe hervor und ergänze, welche Fragen sich dir in Bezug auf bestimmte Inhalte und Kompetenzen stellen.

Du hast dafür ... Minuten Zeit.

Arbeite während dieser Zeit für dich alleine und tausche dich mit niemandem aus. Nutze das vorgegebene Material und ziehe bei Bedarf weiteres Material hinzu.

Die Arbeitsanweisung beinhaltet die drei Ihnen bekannten diagrammatischen Schritte (Kap. 1): die Veranschaulichung (1) im ersten Schritt, das Erkunden und Untersuchen (2) im zweiten Schritt sowie das Ziehen von Schlüssen (3) im dritten Schritt.

KV 12

Auch für das Erarbeiten von Inhalten gilt, dass in Abhängigkeit von der Vertrautheit mit dem Landkartendenken die Schritte 2 und 3 ein Gespräch brauchen (s. Kap. 6 sowie KV 12; Jansen/Meyer 2016, S. 62). In diesem können die auch für das Erarbeiten von Inhalten wichtigen Schritte des Erkundens und Ziehens von Schlüssen gegangen bzw. ergänzt und zusätzliche Informationen gewonnen werden, die die inhaltliche Auseinandersetzung vertiefen. Sie können ebenfalls, in Form eines Prüfungsgesprächs, Grundlage für eine Beurteilung und ggf. Bewertung sein (Kap. 6).

Eine zeitliche Vorgabe ist nur dann erforderlich, wenn Sie das Erstellen der Lernlandkarte als Aufgabe im Sinne einer Leistung in einer bestimmten Zeit durchführen wollen. Sie möchten dann nicht nur wissen, ob und wie Ihre Schüler/innen in der Lage sind, sich Inhalte und Themen in Form einer Lernlandkarte zu erarbeiten, sondern auch, ob sie das in einer bestimmten Zeit können.

Ebenso ist es wichtig, darauf hinzuweisen, ob und auf welche Materialien Ihre Schüler/innen bei der Erstellung der Lernlandkarten zurückgreifen dürfen bzw. sollen. Da sie sich in ihrem Lernprozess in einer Phase der Erarbeitung befinden, sollte die Erstellung der Lernlandkarten unbedingt materialbasiert sein. Sie können dazu entweder Material aus Schulbüchern verwenden oder spezielles Material vorbereiten (s. Beispiel in Kap. 3.2).

Zusätzlich sollten Sie in einem **dritten Schritt** Hinweise geben, die störende Faktoren ausblenden, die unserer Erfahrung nach unbedingt zu beachten sind:

Wegweiser – Vorlage für Tipps zur Erstellung von Lernlandkarten

1) Wähle in deiner Darstellung Formen aus, die anschaulich machen, was du dir gedacht hast. Mit Inhalten sind alle Aspekte eines Themas gemeint, die dir wichtig erscheinen: Annahmen, Thesen, Erklärungen, Beschreibungen, Probleme, Fragen, ...
2) Mache dir bewusst und in deiner Lernlandkarte kenntlich, wie stark die Verbindungen zwischen den einzelnen Punkten sind (z. B. Breite einer Straße, eines Flusses o. Ä.) und von welcher Art die Verbindungen sind (z. B. Hindernisse und Gefahren auf dem Weg). Kennzeichne, ob die Verbindungen Ursachen, Mittel/Zweck oder eine zeitliche Abfolge darstellen sollen.
3) Deine Fragen können sich u. a. darauf beziehen, warum etwas so ist, wozu etwas gut ist, wann etwas passiert.

Diese Hinweise sind unserer Erfahrung nach entscheidend, um möglichst umfassende und aussagekräftige Informationen darüber zu erhalten, welche Struktur ein bestimmtes Thema bzw. bestimmte Inhalte in ihrem Zusammenhang für Schüler/innen haben.

Im **vierten Schritt** werden die Lernlandkarten erstellt. Sie müssen als Lehrkraft in dieser Phase kontrollieren, dass die festgelegten Bedingungen eingehalten werden: Die Schüler/innen sprechen nicht miteinander und konzentrieren sich auf das Erstellen der Lernlandkarten und die Zuhilfenahme von Materialien.

Wenn die Lernlandkarten erstellt sind, müssen Sie in einem **fünften Schritt** entscheiden, ob ein mündlicher Austausch stattfinden soll. Eine explizite Formulierung des eigenen Darstellungs-, Erkundungs- und Schlussprozesses ermöglicht es, sich selbst zu vergewissern, was wie gewusst und gemeint ist und welche Bedeutsamkeit es jeweils hat. Je nachdem, wie viele Schüler/innen Lernlandkarten erstellt haben, kann dieser Austausch z. B. in Form des Peer-Tutorings stattfinden.

Leitfragen, wie sie im Tipp auf S. 24 aufgeführt sind, können den gemeinsamen Austausch über die erarbeiteten Inhalte strukturieren.

Je nach Grad der Individualisierung und Art der Planung kann der mündliche Austausch unterschiedliche Funktionen in der Lernprozessorganisation haben:

Wegweiser – Austausch über Lernlandkarten

Nutzen Sie den Austausch über Lernlandkarten
- zur Vertiefung mündlicher Kompetenzen,
- zur Vertiefung fachlicher Kompetenzen,
- zur Vertiefung fachlichen Wissens.

Nehmen wir nun an, dass in Ihrem Unterricht jede Schülerin/jeder Schüler eine solche Lernlandkarte erstellt hat. Wie können Sie, wie können Ihre Schüler/innen nun diese **Lernlandkarten** im abschließenden **sechsten Schritt nutzen**, um die Lernprozesse weiter zu gestalten?

Wegweiser – Als Lehrkraft Erarbeitungsphasen in Lernprozessen nutzen

Nutzen Sie die mittels Lernlandkarten (und ggf. ergänzender Interviews) gewonnenen Informationen, um den weiteren Verlauf einer Unterrichtsreihe zu planen: Berücksichtigen Sie dabei vor allem
- bereits bestehendes Wissen und vorhandene Kompetenzen,
- fachlich wichtige Sachverhalte, bei denen im weiteren Verlauf Vertiefung und Übung notwendig erscheinen,
- inhaltliche Aspekte, an denen Schüler/innen besonderes Interesse haben,
- die Auswahl weiterer Aufgaben.

Möchten Sie Lernprozesse stärker in die Hand von Schüler/innen legen, dann können Sie Lernlandkarten auf andere Weise nutzen:

Wegweiser – Als Schüler/in Erarbeitungsphasen in Lernprozessen nutzen

Schüler/innen können die erstellten Lernlandkarten nutzen, um
- zu entscheiden, welche inhaltlichen Aspekte und Kompetenzen sie in der Folge weiter vertiefen und üben möchten bzw. sollten,
- welche inhaltlichen Aspekte in der Folge noch besonders interessant zu bearbeiten wären,
- welche Aufgaben dazu passen würden.

Die erstellten Lernlandkarten können im Verlauf des Lernprozesses ergänzt werden. Auch hierfür sollte eine Arbeitsanweisung vorgegeben werden.

Wegweiser – Vorlage für die Arbeitsanweisung zur Ergänzung von Lernlandkarten

Während der Unterrichtsreihe kannst du deine Lernlandkarte, mit der du dir Inhalte erarbeitet hast, ergänzen mit dem,

- was dir (im Verlauf) besonders wichtig geworden ist,
- was du im Verlauf der Unterrichtsreihe an Wissen erworben hast und was du darüber hinaus noch gerne wissen möchtest.

Diese sechs Schritte sollen Ihnen helfen, Lernlandkarten in Ihren Fächern zur Erarbeitung von Inhalten zu nutzen. Wir wollen Ihnen nun an ausgewählten Beispielen zeigen, wie sich dies konkret umsetzen lässt und was bei der Umsetzung in einzelnen Fächern zu beachten ist.

3.2 Inhalte und Themen erarbeiten in der Sekundarstufe I

Beginnen wir mit einem Beispiel aus dem Deutschunterricht in einer 5. Klasse. Im Rahmen eines integrativen Unterrichts soll es darum gehen, Eigenschaften und Unterschiede von Wortarten zu beschreiben. Eine solche generalisierende Beschreibung soll dabei in die individuelle Verwendung in literarischen Texten führen (vgl. Bredel/Pieper 2015, S. 290). Es geht also fachlich um Inhalte, die uns in der Verwendung vertraut, aber als bewusstes, grammatisches Wissen nicht verfügbar sind (Granzow-Emden 2014, S. 4), hier: die Wortarten im Deutschen. Eine generalisierende Auseinandersetzung mit den Eigenschaften der Wortarten im Deutschen soll »Motor« (Bredel/Pieper 2015, S. 239) dafür sein, die Textproduktionskompetenzen der Schüler/innen weiterzuentwickeln. Im Folgenden wird beschrieben, wie diese generalisierende Auseinandersetzung stattgefunden hat.

Eine Übersicht der Eigenschaften der Wortarten im Deutschen wurde mithilfe des Landkartendenkens erstellt: Indem die Schüler/innen zentrale Eigenschaften von Wortarten in eine diagrammatische Form übertragen, erhalten sie eine Übersicht, die es ihnen ermöglicht, Zusammenhänge zu entdecken – zwischen den Wortarten, aber auch in Bezug auf andere Einheiten wie den Satz (Granzow-Emden 2014, S. 14).

Eingerahmt in das Thema »Fantasiestädte« und anhand von dazu passenden Geschichten aus dem Buch »Die unsichtbaren Städte« von Italo Calvino (2007) wurden zunächst unter Verwendung von vorbereitetem Material in Dreier-Teams (zu je einer Wortart) Merkblätter zu insgesamt neun Wortarten erstellt. Auf diesen sollten nicht nur wichtige Aufgaben, Funktionen und Formmerkmale festgehalten werden, sondern auch Beispiele für Verwendungskontexte. Dazu fanden gegenseitige Interviews statt, um das Wissen über die Eigenschaften von Wortarten zu festigen.

Der diagrammatische Transfer erfolgte nun in einer ersten Phase darüber, dass – angelehnt an die Fantasiestadt-Texte von Calvino – in jedem Team eine Beschreibung verfasst wurde, wie die jeweils eigene Wortart als Stadt aussehen könnte. Durch die Texte von Calvino war ein Muster vorgegeben, welche Kategorien zur Beschreibung genutzt werden können (bspw. Gebäudearten, Verkehrswege, Aktivitäten der Einwohner/innen). Damit war auch eine Hilfestellung gegeben für die kognitiv anspruchsvolle metaphorische Operation, ein Bild für eine Wortart zu finden.

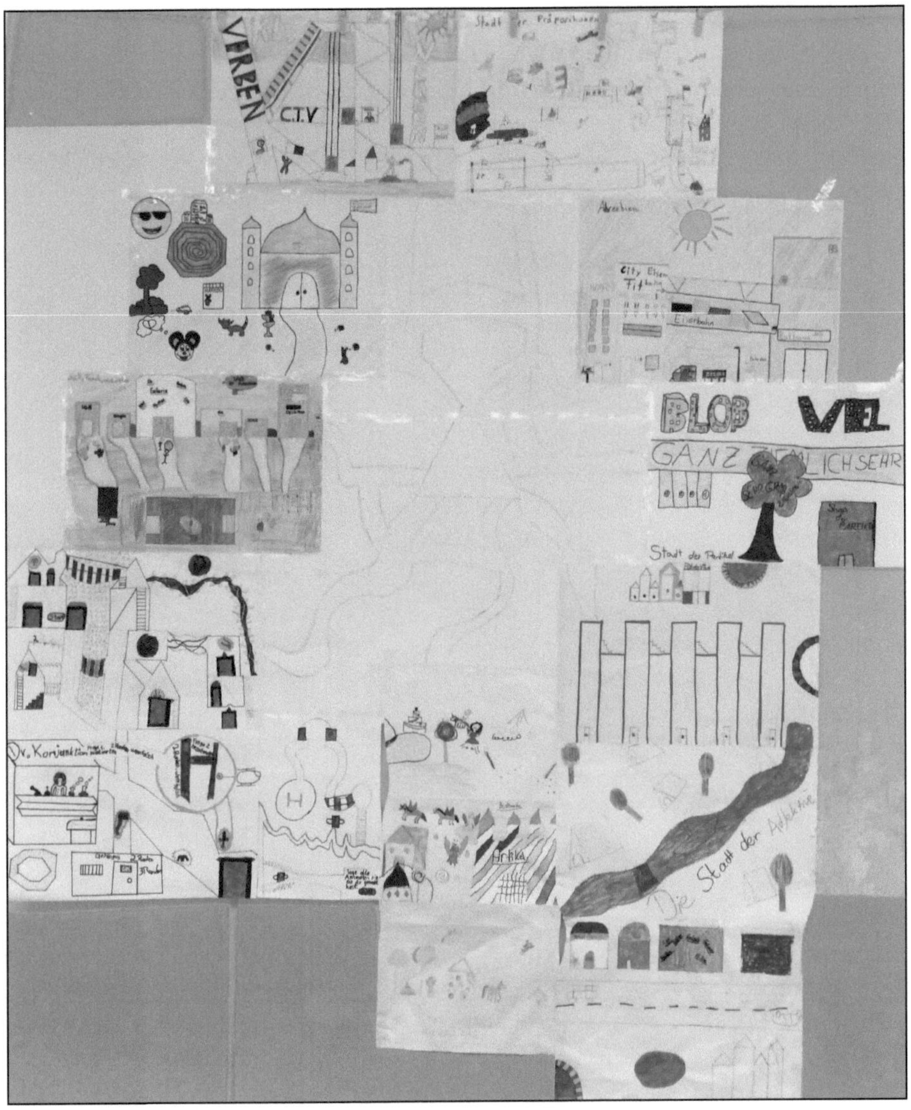

Abb. 12: Lernlandkarte »Stadt der Wortarten« (5. Klasse)

Daran anschließend wurden die Lernlandkarten erstellt. Die Erarbeitung der fachlich relevanten Inhalte – Eigenschaften von Wortarten im Vergleich – sollte in einer gemeinsamen Übersicht für alle Schüler/innen erfolgen: Es entstand eine große »Stadt der Wortarten«, die im Klassenraum aufgehängt wurde und in den folgenden Unterrichtsreihen genutzt und erweitert werden konnte. Die Schüler/innen sollten somit eine Übersicht über zentrale Eigenschaften von Wortarten erhalten, die es ihnen zugleich ermöglicht, diese im Vergleich zu sehen.

Die einführende Beschreibung war wie folgt formuliert:

In der heutigen Stunde habt ihr Zeit, eure »Stadt der Wortarten« zu zeichnen.
Das Erstellen einer Lernlandkarte soll euch dabei helfen, herauszufinden,

- *von welchen Eigenschaften eurer Wortart ihr jetzt denkt, dass sie besonders interessant oder auffällig sind,*
- *welche Eigenschaften eurer Wortart ihr kennt,*
- *was ihr in Bezug auf eure Wortart noch besser verstehen wollt.*

Die fertige Lernlandkarte soll euch dann dabei helfen, einen Überblick über eure Wortart zu erlangen: Ihr könnt die Gesamtübersicht der »Stadt der Wortarten« immer wieder verwenden, um euch zu versichern, welche Eigenschaften die unterschiedlichen Wortarten im Vergleich haben, und um herauszufinden, welche Fragen ihr noch habt.

Aus der Beschreibung geht hervor, dass die Lernlandkarten in diesem Fall zusammen erstellt werden. Aufgrund der großen kognitiven Herausforderung bietet es sich hier an, in Kollaboration die unterschiedlichen Stärken und Ideen der Team-Mitglieder zu nutzen, um diese Lernlandkarten zu erstellen. Dies dient zugleich dazu, Teams auszubilden, die im Verlauf der Unterrichtsreihe zu den einzelnen Wortarten als Experten zur Verfügung stehen. Die Arbeitsanweisung mit entsprechenden Tipps lautete dann entsprechend:

Nehmt ein großes Blatt (DIN A3) zur Hand.
Schaut euch gemeinsam euer Merkblatt und eure Beschreibung zu eurer Wortart als Fantasiestadt an.

1) *Veranschaulicht durch passende Stadtelemente diejenigen Eigenschaften eurer Wortart, die ihr für besonders interessant oder auffällig haltet.*
2) *Denkt über die Beziehung der einzelnen Stadtelemente nach und kennzeichnet, wie für euch die einzelnen Eigenschaften zusammenhängen.*
3) *Betrachtet die einzelnen Stadtelemente und ihre Verbindungen. Ergänzt, welche Fragen sich euch stellen.*

Ihr habt dafür 90 Minuten Zeit.
Arbeitet während dieser Zeit gemeinsam, indem ihr euch austauscht, euch Fragen stellt, ergänzt und gegenseitig helft. Nutzt das vorgegebene Material sowie euer Merkblatt und eure Beschreibung der Fantasiestadt. Stellt bei Bedarf Fragen an den Lehrer.

Hinweise

A. *Wählt in eurer Darstellung Stadtelemente (z. B. Wege, Gebäude, dargestellte Aktivitäten) aus, die anschaulich machen, was ihr für interessant oder besonders auffällig in Bezug auf eure Wortart haltet.*
B. *Achtet besonders auf die Stärke (z. B. Breite einer Straße) und Art (z. B. Hindernisse und Gefahren auf dem Weg) der Verbindung zwischen den einzelnen Stadtelementen.*
C. *Eure Fragen können sich u. a. darauf beziehen, warum etwas ist so, was der Zweck von etwas ist, wann etwas passiert.*

Die diagrammatische Umsetzung erfolgte in den einzelnen Teams auf sehr unterschiedliche Weise. So gab es Umsetzungsformen, in denen der Schwerpunkt auf die Darstellung von Ereignissen und Situationen gelegt wurde (so etwa in der »Stadt der Artikel« oder der »Stadt der Pronomen«), aber auch Formen, in denen eine Darstellung allein von Gegenständen gewählt wurde (so etwa in der »Stadt der Adjektive« oder in der »Stadt der Nomen«). Deutlich wurde zudem, dass die Schüler/innen im ersten diagrammatischen Schritt von sich aus sehr ähnliche sprachliche Zugänge zur jeweiligen Wortart gewählt haben: Sie haben sich vornehmlich auf funktionale Aspekte konzentriert. Dies ist ein deutlicher Hinweis auf die sprachdidaktisch bedeutsame funktionale Zugangsweise: Es geht darum, welche *Funktionen* Wörter (in Sätzen) übernehmen, wenn sie als Wörter einer bestimmten Wortart verwendet werden (Granzow-Emden 2014, S. 196 ff.). Gerade der Vergleich von Wortarten in Bezug auf unterschiedliche Funktionen ist aber entscheidend sowohl für die Analyse als auch die Produktion von literarischen Texten.

So etwa hat das Team, das sich mit Präpositionen beschäftigt hat, einen funktionalen Zugang gewählt, indem auf der Lernlandkarte auf sehr kreative Weise Situationen und Konstellationen dargestellt werden, die sich auf mögliche Verwendungsweisen von Präpositionen beziehen (Abb. 13).

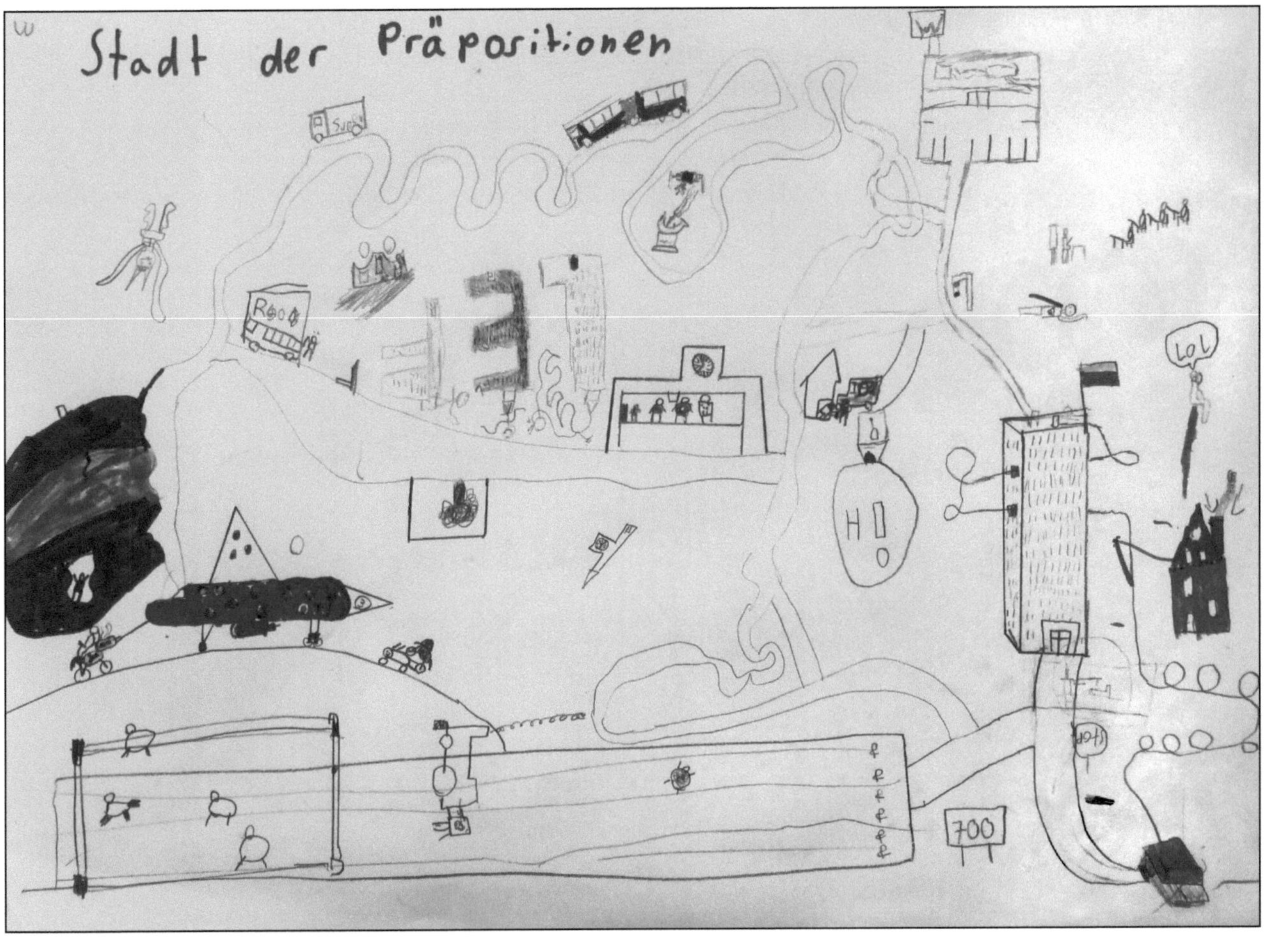

Abb. 13: Lernlandkarte »Präpositionen« (5. Klasse)

Deutlich wird bei der Betrachtung der Lernlandkarte in Abbildung 13, dass der gewählte Zugang, wohl auch aufgrund der Darstellungsform der Lernlandkarte, begrenzt bleibt auf lokale Präpositionen. Interessant ist dabei die Zugangsweise der Schüler: Nach eigener Auskunft haben sie Situationen bzw. Gegenstände dargestellt, die ungewöhnlich bzw. unmöglich sind. Dass dies so ist, lässt sich *auch* durch die Verwendung von Präpositionen sprachlich verdeutlichen, etwa:

- Der Rasen wächst *unter* der Erde.
- Die Buchstabenhochhäuser stehen *auf* dem Kopf.

Einerseits wird hier im ersten diagrammatischen Schritt keine umfassende Veranschaulichung all dessen gegeben, was zum Thema gehört, also bspw. unterschiedliche Funktionen von Präpositionen. Andererseits wird der gewählte Fokus (lokale Präpositionen) ausführlich und vor allem kreativ dargestellt. In Bezug auf den zweiten diagrammatischen Schritt lässt sich Folgendes feststellen: Während die Anordnung der verschiedenen Objekte (Gebäude) entscheidend ist in Bezug auf die dargestellte Wortart, spielt die Art der Verbindungen zwischen den Gebäuden – in diesem Fall Straßen – keine Rolle. Dies zeigt, dass auch Darstellungsformen möglich sind, in denen die »Art der Verbindung«, wie in der Arbeitsanweisung unter 2) angegeben, nicht konkretisierte Linien z. B. in Form von Straßen oder Wasserläufen meint, sondern die Anordnungsweise der Objekte selbst, also ihre Gerichtetheit auf dem Papier (vgl. dazu Krämer 2016). Insofern wurden auch hier Beziehungen im zweiten diagrammatischen Schritt bedacht, wenn auch auf andere Weise: Statt Verbindungen zwischen (unterschiedlichen Arten von) Präpositionen herzustellen, werden Objekte so angeordnet, dass sich die Verwendung von Präpositionen (in Sätzen) *erschließen* lässt. Der dritte Schritt bleibt infolgedessen in der Lernlandkarte *sichtbar* aus, weil er sich nur in der Versprachlichung (siehe die o. g. Beispielsätze) *zeigt*, indem zur sprachlichen Beschreibung einzelner Situationen Präpositionen verwendet werden. Im mündlichen Austausch wird dieser Schritt dann auch gegangen und weitere Fragen zum Verhältnis und zu Unterschieden von Wortarten schließen sich an, etwa wenn im Vergleich zu den beiden o. g. Sätzen formuliert wird:

- Der Rasen wächst unterirdisch.
- Die Buchstabenhochhäuser sind umgedreht worden.

Einen semantisch-funktionalen Zugang hat ebenfalls das Team gewählt, das sich mit Verben beschäftigt hat:

Abb. 14: Lernlandkarte »Verben« (5. Klasse)

Hier werden im ersten diagrammatischen Schritt die drei traditionellen Kategorien – Handlung, Vorgang, Zustand – veranschaulicht:

- Jemand schläft.
- Jemand spricht.
- Jemand gießt die Blumen.
- Jemand springt aus dem Fenster.

Die Anzahl der dargestellten Situationen ist in dieser Lernlandkarte sehr begrenzt. Damit bleibt auch hier der erste diagrammatische Schritt stark fokussiert. Auch für den zweiten Schritt gilt: Die Art Verbindungen ist hier allein motiviert durch die Wahl der Stadt-Elemente, also etwa »Haus – Fenster – Garten« und sie enthält darüber hinaus keine weitere, abstraktere Bedeutung. Eher lässt sich daran erkennen, dass in unserer Welt Handlungen, Vorgänge und Zustände nebeneinander und miteinander auftreten und ineinander übergehen. Diese Erkenntnis wird im folgenden mündlichen Austausch deutlich, wenn die Schüler im dritten diagrammatischen Schritt genauer verstehen wollen, wie sich Handlungen, Vorgänge und Zustände in konkreten Fällen unterscheiden lassen und versprachlichen lassen.

Beide Lernlandkarten zeigen also, dass es sich hier nicht um bloße Visualisierungen, etwa der Eigenschaften von Wortarten handelt, sondern um komplexe Übersichten, die ein ständiges Erkunden und Ziehen von Schlüssen erlauben. So werden die Lernlandkarten im weiteren Verlauf des Unterrichts (über das Schuljahr hinaus) als »Stadt der Wortarten« in doppelter Weise genutzt: Einerseits stehen sie den Schüler/innen zur Verfügung, um ihr Wissen über die Wortarten »im Zusammenspiel mit anderen Einheiten« (Granzow-Emden 2014, S. 14) im Deutschen zu erweitern und zu vertiefen. Andererseits bilden sie Schreibanlässe für die Produktion von literarischen Texten (z. B. Fantasiegeschichten schreiben) und Sachtexten (z. B. Unfallbeschreibung). An diese Schreibanlässe werden immer intensivere Auseinandersetzungen mit *syntaktischen* Strukturen angebunden, so bspw. in Bezug auf Verbvalenz und semantische Rollen (Welke 2011, S. 146 ff.) beim Verfassen von Unfallberichten.

Inhalte und Themen erarbeiten in der Sekundarstufe II 3.3

Ein Beispiel aus dem Sozialwissenschaftsunterricht der Sekundarstufe II zur Erarbeitung von Inhalten und Themen mit Lernlandkarten: Im Rahmen der Unterrichtsreihe »Sozialer Wandel« (entsprechend dem Inhaltsfeld 6 des Kernlehrplans NRW »Strukturen sozialer Ungleichheit, sozialer Wandel und soziale Sicherung«; vgl. KLP Sowi 2014, S. 20) erstellen die Schüler/innen Lernlandkarten dazu, wie sich die Gesellschaft verändert(e). Das der Soziologie zugeordnete Thema der Unterrichtsreihe ist den Schüler/innen häufig leicht zugänglich, weil sie über Vorwissen verfügen, das allerdings oft vage und meistens zusammenhangslos und unstrukturiert artikuliert wird. So geht es in dieser Unterrichtsreihe nach einer Planungsphase, die auch die Antizipation relevanter Begriffe beinhaltet, darum, das vorhandene Wissen zu strukturieren und zu präzisieren. Im Lehrplan heißt es dazu: »Durch die Auseinandersetzung mit diesem Inhaltsfeld können Gesellschaftsstrukturen und deren zurückliegende sowie potenzielle künftige Entwicklungen auch empirisch gestützt eingeschätzt werden« (KLP Sowi 2014, S. 19). Wenn es zudem darum geht, dass Schüler/innen die Sachkompetenzen erwerben sollen, »aktuell diskutierte Begriffe und Bilder sozialen Wandels sowie eigene Gesellschaftsbilder [erläutern]« und »Dimensionen sozialer Ungleichheit und ihre Indikatoren [unterscheiden]« zu können (KLP Sowi 2014, S. 36), so kann die Erarbeitungsphase zur Erlangung dieser Kompetenzen ideal mit einer Lernlandkarte initiiert und durchlaufen werden. Erklärtes »Ziel ist, dass Schülerinnen und Schüler ihr eigenes Verständnis von sozialer Gerechtigkeit weiterentwickeln und an kontroversen Debatten dazu teilhaben können« (KLP Sowi 2014, S. 19). Es ist daher ideal, die Erarbeitungsphase mit der Standortbestimmung auf Grundlage des eigenen Wissens und dem eigenen, meist noch unbegründeten Standpunkt zu beginnen, um davon ausgehend zu einer begründeten Meinung zu gelangen, die im Verlauf des Unterrichts auch kontrovers diskutiert werden kann.

In zweifacher Hinsicht sind die Schüler/innen also dazu aufgefordert, ihr eigenes »Bild« von der veränderten und sich verändernden Gesellschaft darzustellen.

Die einführende Beschreibung zur Erstellung der Lernlandkarten lautete:

In der heutigen Stunde wird es darum gehen, Lernlandkarten zu erstellen, die Auskunft darüber geben, wie sich die Gesellschaft verändert(e).
Das Erstellen einer Lernlandkarte soll dir dabei helfen, herauszufinden,

- *welche Inhalte und Kompetenzen für dich jetzt wesentlich sind in Bezug auf die Veränderungen in der Gesellschaft, die bereits stattgefunden haben, gerade stattfinden und noch stattfinden werden,*
- *welche wesentlichen Zusammenhänge zwischen den Inhalten und Kompetenzen für dich bestehen,*
- *welche Fragen sich dir in Bezug auf Veränderungen der Gesellschaft stellen.*

Aus der Beschreibung geht bereits hervor, dass es sich bei dem Thema um Prozesse in der Gesellschaft handelt, die zu Veränderungen in Bezug auf den vorhergehenden Zustand führen. Da das Thema den Schüler/innen bereits bekannt ist, es im Sinne einer Standortbestimmung aber darum geht herauszuarbeiten, welche Veränderungsprozesse den Schüler/innen bereits bewusst sind und welchen Stellenwert diese haben bzw. wie diese bewertet werden, ist die Beschreibung offen und personenbezogen formuliert. Es wird dazu aufgefordert, von der Vergangenheit (ohne festgelegten frühesten Zeitpunkt) bis in die Zukunft Inhalte und Themen, die gesellschaftlich relevante Veränderungen betreffen, abzurufen. Die Arbeitsanweisung lautete dann entsprechend:

Nimm eine Seite in deinem Heft oder ein Blatt (DIN A4 oder A3) zur Hand.

1) *Veranschauliche, welche Inhalte und Kompetenzen deiner Ansicht nach im Einzelnen für das Thema Sozialer Wandel wesentlich sind.*
2) *Hebe graphisch hervor, wie die einzelnen Inhalte und Kompetenzen für dich wesentlich zusammenhängen.*
3) *Betrachte die einzelnen Punkte und ihre Verbindungen. Hebe hervor und ergänze, welche Fragen sich dir in Bezug auf bestimmte Inhalte stellen.*

Außerdem wurden Hinweise gegeben, die den Schüler/innen die Wahl eines Settings und die inhaltliche Erarbeitung erleichtern sollten:

Wähle eine Form, die dir naheliegt und die du schnell erstellen kannst. Du kannst so viel schreiben, symbolisieren, zeichnen, malen, skizzieren wie du magst.

1) *Wähle für deine Darstellung eine Form aus, die anschaulich macht, was du dir gedacht hast. Führe alle Aspekte des Themas auf, die dir wichtig erscheinen: Annahmen, Thesen, Erklärungen, Beschreibungen, Probleme, Fragen, ...*
2) *Mache dir bewusst und in deiner Lernlandkarte kenntlich, wie stark die Verbindungen zwischen den einzelnen Punkten sind (z. B. Breite einer Straße, eines Flusses o. Ä.) und von welcher Art die Verbindungen sind (z. B. Hindernisse und Gefahren auf dem Weg). Kennzeichne, ob die Verbindungen Ursachen, Mittel/Zweck oder eine zeitliche Abfolge darstellen sollen.*
3) *Deine Fragen können sich u. a. darauf beziehen, warum etwas so ist, wozu etwas gut ist, wann etwas passiert.*

Entstanden ist u. a. die in Abbildung 15 zu sehende Landkarte. Auf den ersten Blick sind auf dieser Lernlandkarte Fahrzeuge zu erkennen, die jeweils eine Fracht in eine Fabrik fahren. Aus dem Schornstein der Fabrik steigen Wolken auf, die als Rauchwolken gedeutet werden können, die sich am Himmel sammeln. Die Art der Darstellung ruft also bereits im ersten diagrammatischen Schritt semantisch die industrielle Produktion in Fabriken auf, die hier in ihrem zeitlich-kausalen Ablauf dargestellt wird: Aus bestimmten Rohstoffen oder Einzelteilen werden Produkte gefertigt, die zu bestimmten (Abfall-)Produkten führen. Damit sind in Bezug auf den metaphorischen Quell-Bereich – also die »Domäne«, aus dem sich Metaphern speisen – bestimmte Wertungen verbunden, wie bspw. »Rauch: unter Umständen schädlich oder gefährlich für die Gesundheit«, die sich im Ziel-Bereich, d. h. den möglichen Bedeutungen als Metaphern wiederfinden (Dancygier/Sweetser 2014, S. 13). Sowohl die Fahrzeuge als auch die Wolken sind in unterschiedlichen Farben markiert. Auf den zweiten Blick ist zu erkennen, dass die Fracht auf den Fahrzeugen benannt ist und diese sich in der Fabrik durch einen nicht sichtbaren Prozess offensichtlich in farblich passende Rauchwolken verwandelt, die wiederum mit Begriffen gefüllt sind. Die Fabrik ist bezeichnet mit »Veränderungen und Fortschritte führen zu …«.

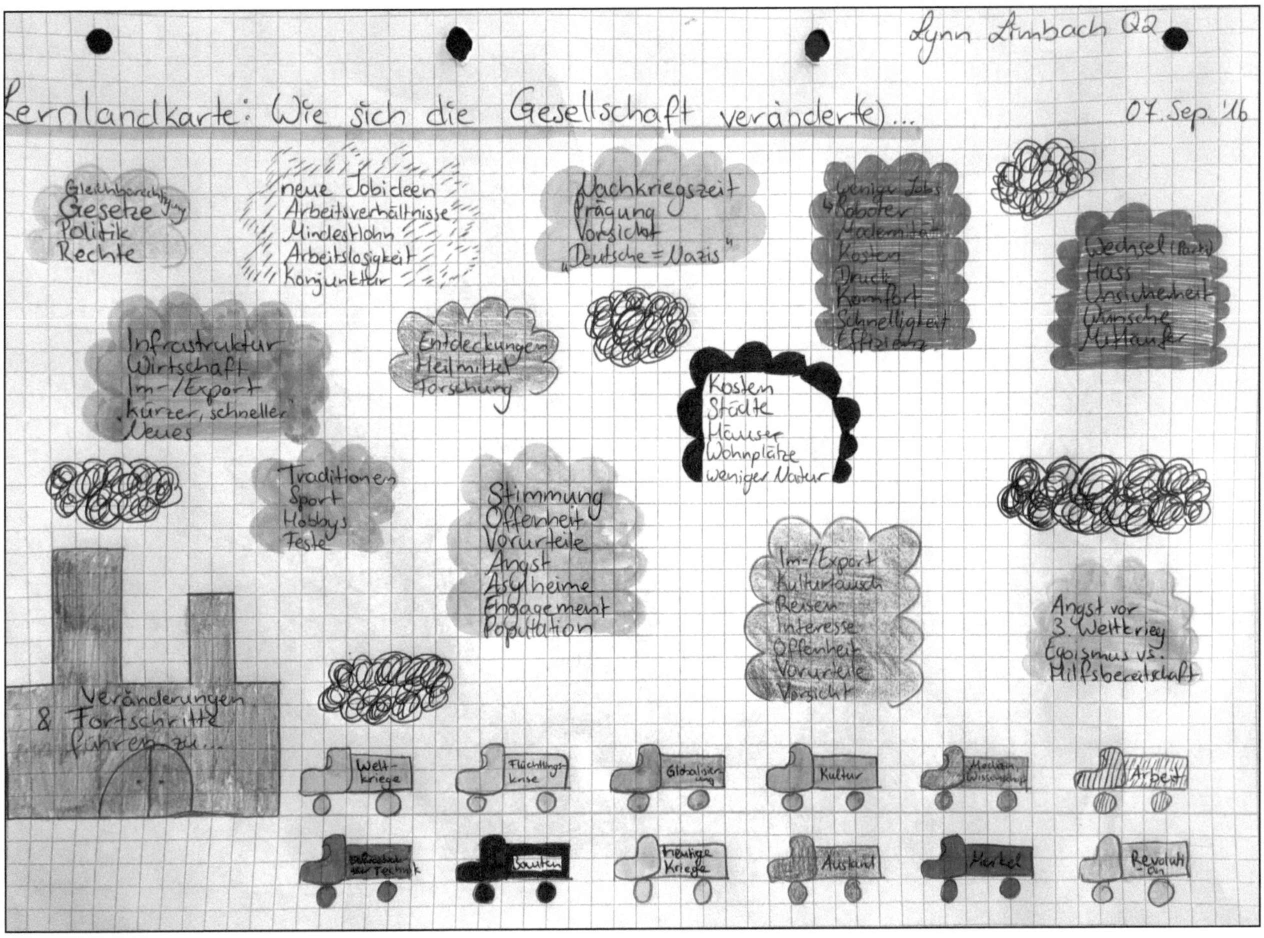

Abb. 15: Lernlandkarte »Sozialer Wandel« (Lynn Limbach, Qualifikationsphase 2 in der Sekundarstufe II)

Die Schülerin hat den ersten mit dem zweiten diagrammatischen Schritt in ihrer Lernlandkarte verbunden, indem sie sich gesellschaftliche Bereiche und (historische) Begebenheiten überlegt hat, von denen sie glaubt, dass sie viele und/oder große Veränderungen hervorgerufen haben. Diese sind dann als Fracht in den jeweiligen Fahrzeugen benannt worden. Wie bereits oben erläutert, nutzt sie den metaphorischen Quell-Bereich der industriellen Produktion, um auf der soziologischen Ziel-Ebene zeitlich-kausale Zusammenhänge herzustellen: Die nächste Überlegung der Schülerin war, dass sie, um den Prozess der Veränderung darzustellen, etwas zeichnen will, *worin* Veränderungen stattfinden; daher hat sie sich für eine Fabrik entschieden. Interessant ist an dieser intuitiven Entscheidung, dass sie bereits den ersten Schritt zur Erlangung einer ausgewiesenen Sachkompetenz beinhaltet, nämlich: »Schülerinnen und Schüler [können] soziale Ungleichheit als eine von Menschen gemachte und somit auch von Menschen veränderbare Grundtatsache verstehen« (KLP Sowi 2014, S. 19).

Anstelle einer Blackbox, einer Übermacht oder Naturgewalt hat sie sich entschieden, eine von Menschenhand erbaute Fabrik zu setzen, in welcher gesellschaftliche Veränderungen stattfinden. Diese Entscheidung hat zur Folge, dass die Ebene des Wandels sofort in die richtige Richtung führt. Betrachtet man die zur Fabrik gefahrene Fracht und die dazugehörigen Rauchwolken, sieht man, dass die Veränderungen fast ausschließlich durch Menschenhand initiierte und/oder vorgenommene sind.

Zieht man dann zudem in Betracht, dass es sich um ein Lernprodukt handelt, das nicht materialgestützt erstellt worden ist, so stellt man fest, dass trotzdem bereits wichtige Kategorien und Veränderungen benannt sind. In der Rauchwolke zur Fracht »Arbeit« sind Aspekte enthalten wie »neue Jobideen, Arbeitsverhältnisse, Mindestlohn, Arbeitslosigkeit und Konjunktur«. Bis auf die Konjunktur, die nicht originär der Soziologie, sondern der Wirtschaftspolitik zugeordnet wird, aber trotzdem einen relevanten Aspekt darstellt, wenn es um sozialen Wandel geht, sind alle Veränderungen wichtige Aspekte der Unterrichtsreihe und zugleich die für das Zentralabitur relevanten Inhalte.

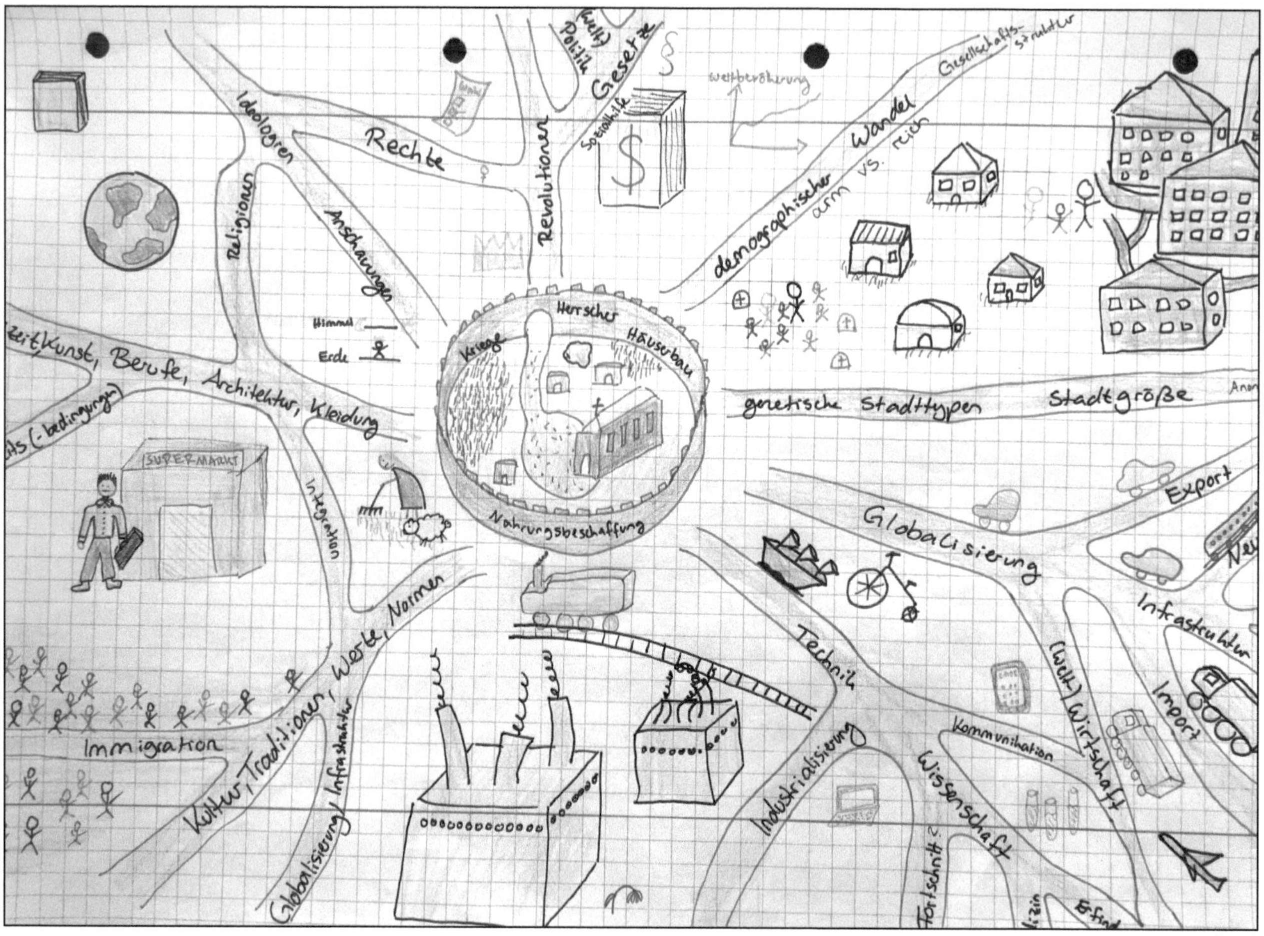

Abb. 16: Landkarte »Sozialer Wandel« (Tamara Graeske, Qualifikationsphase 2 in der Sekundarstufe II)

Um die Spannbreite der Darstellungsmöglichkeiten aufzuzeigen und auch die unterschiedlichen Ebenen, auf welchen Lernlandkarten zu ein und derselben Thematik entstehen können, folgt eine weitere Lernlandkarte aus der Unterrichtsreihe (Abb. 16).

Wenn man diese Lernlandkarte betrachtet, könnte man zunächst denken, dass es sich um eine Mindmap handelt, da die Darstellung von einem Zentrum ausgeht, von dem aus einzelne teils miteinander verbundene Weggabelungen und Verästelungen, die beschriftet sind, zu wichtigen bildlich dargestellten Eckpunkten führen (Kap. 3.4).

Beim näheren Hinsehen stellt man aber fest, dass das Zentrum durch eine Mauer begrenzt ist, die mit »Nahrungsbeschaffung, Häuserbau, Kriege, Herrscher« beschriftet ist und sich innerhalb dieser Mauer ein sakrales Gebäude, drei kleine Gebäude, teils bewachsene Grünflächen und ein See befinden. Das Besondere des Gemäuers allerdings ist, dass es aus ihm nur einen Weg hinaus gibt: durch eine Straße, die beschriftet ist mit dem Begriff »Revolutionen«.

Die Schülerin hat folglich aus einem historischen Blick heraus zunächst ein Bild dafür gewählt, wie Gesellschaft einmal gewesen ist. Diesen Kern nur verlassen zu können, indem man den bisherigen Zustand verändert, nämlich durch Revolutionen, ist eine These, die sie aufstellt und die es in dieser Erarbeitungsphase zu untersuchen gilt. Schon an dieser Stelle der Lernlandkarte laufen die drei diagrammatischen Schritte zusammen, obwohl wir erst das Zentrum und fünf Begriffe betrachtet haben: Nachdem eine Form gewählt worden ist, um die Einzelpunkte zu Papier zu bringen (erster diagrammatischer Schritt) und auch schon Verbindungen hergestellt wurden, dadurch, dass sich elementare Begriffe der »Ausgangsgesellschaft« auf einer Mauer befinden, aus der nur ein Weg hinausführt, der wiederum einen Begriff trägt (zweiter diagrammatischer Schritt), wird durch die gewählte Darstellungsform die These formuliert und gleichzeitig die Frage aufgeworfen, ob dies der einzige Weg der Veränderung ist bzw. sein kann (dritter diagrammatischer Schritt). Durch die zentrale Anordnung dieser Setzung kann man davon ausgehen, dass diese Fragestellung auch im Zentrum der Erarbeitungsphase der Schülerin stehen wird.

Geht man den Revolutionsweg weiter, so gelangt man einerseits auf den Weg der Gesetze und andererseits auf den Weg der Rechte, der uns, wiederum verbunden mit dem Weg der Ideologien und Anschauungen, entweder zurück zur Mauer führt, ohne dass es schon einen Weg hinein gäbe, oder über den Weg der Religionen zu den Wegen der Berufe und Arbeitsbedingungen und über diese zu weiteren.

Manche Gabelungen sind mit anderen verbunden, immer kann man eine inhaltliche Verbindung zwischen den beiden graphisch miteinander verbundenen Gabelungen, die zu Wegen werden, und den weiter folgenden, feststellen. Manche Gabelungen führen aus dem Bild hinaus, manche aber auch zu dem Gemäuer zurück. Die sieben Wege, die zur Mauer zurückführen, ohne einen Weg hinein zu eröffnen, sind tatsächlich mit Aspekten beschriftet, die enormen Einfluss auf die Form und Gestalt der Gesellschaft nehmen. Sie sind außerdem auf der Symbolebene illustriert durch die die Wege umgebende Umwelt.

Die Veränderungen der Gesellschaft werden in dieser Lernlandkarte im Vergleich zur ersten Lernlandkarte nicht als Quell-Bereich und Ziel-Bereich dargestellt, sondern als Bereiche, die in einer bestimmten Anordnung zusammenhängen und wahlweise zu einer möglichen Form der Gesellschaft zurückführen oder aber sich in eine bestimmte Form von Gesellschaft ausbreiten – die aber immer abhängig ist von Revolutionen, die die Menschen entfachen müssen, um Gesellschaft verändern zu können.

Ebenso wie bei der Erstellung der Lernlandkarte in Abbildung 15 war es hier nicht explizit erforderlich, den dritten diagrammatischen Schritt innerhalb der Lernlandkarte darzustellen. Durch das gewählte Bild und die Anordnung der Einzelaspekte und Verbindungen lässt sich aber für den Betrachter/die Betrachterin leicht erkennen, welche Grundannahme bzw. Ausgangsthese besteht und was sich daraus ableiten ließe. Während der Gespräche über die erstellten Lernlandkarten konnten inhaltliche Schwerpunkte erläutert werden, die deutlich gemacht haben, welche Fragen für die jeweiligen Schülerinnen besonders wichtig sind. Diesen inhaltlichen Schwerpunkten konnten die Schülerinnen anschließend in Form von individualisierten Aufgaben materialgestützt nachgehen. Der dritte diagrammatische Schritt wurde in dieser Unterrichtsreihe also durch Gespräche in Teams über die erstellten Lernlandkarten vollzogen und nicht in den Lernlandkarten selbst dokumentiert.

An dieser Stelle sei also noch einmal ausdrücklich darauf hingewiesen, dass nicht notwendiger Weise alle drei diagrammatischen Schritte innerhalb einer Lernlandkarte in chronologisch fester Reihenfolge und strikt voneinander getrennt vollzogen und ausgeführt werden müssen. Vielmehr ist es so, dass sich die drei Schritte gegenseitig bedingen, je nachdem, welche Form und/oder welches Bild gewählt wird. Ob nun aber der dritte Schritt unabhängig von den ersten beiden z. B. im mündlichen Austausch stattfindet, weil er besser in die Erarbeitungsphase passt, hängt ganz von Ihrem Unterrichtsvorhaben ab und sollte Ihnen die Flexibilität des Einsatzes von Lernlandkarten deutlich machen.

Themen und Inhalte erarbeiten: Mit Lernlandkarten oder Mindmaps? 3.4

Mindmaps werden in der Regel nach dem von Tony Buzan entwickelten Muster vermittelt und angewendet – also als vernetztes Set von Baumdiagrammen, aus einem zentralen Begriff erwachsend (vgl. Buzan/Buzan 2013). Sie stellen im schulischen Unterricht, aber auch in der Erwachsenenbildung eine überaus beliebte Methode zur Visualisierung von Themen und Inhalten dar. Vor allem gegenüber der linearen, vorwiegend textbasierten Auflistung von Einzelaspekten eines Themas wird die Mindmap als alternative Methode eingesetzt. Ihre Netzstruktur und assoziative Entstehungsweise stehen modellhaft für eine kognitive Struktur, daher wird die Mindmap bisweilen auch als Gedanken- oder Gedächtniskarte einge-

deutscht. Ohne an dieser Stelle empirische Untersuchungen heranziehen zu wollen, werden die besonderen Vorteile des Mindmapping vor allem
- im Sammeln von Ideen bzw. im Brainstorming,
- im Organisieren von Zusammenhängen und
- im Memorieren von Lerninhalten gesehen.

Damit lassen sich sowohl fremde als auch eigene Gedanken sortieren (vgl. Buzan/Buzan 2013, S. 19). Allen Mindmaps gemeinsam ist ein *thematisches Zentrum*, aus dem in immer feineren Verästelungen inhaltliche Einzelpunkte erwachsen. Ebenso verbindend für alle Mindmaps ist die *sortierende* Funktion, sei es zur Sammlung, Organisation oder Übung von Inhalten. Dies macht den Einsatz im Unterricht für Lehrkräfte attraktiv, lässt sich doch die sichtbare Qualität von Mindmaps anhand der vernetzten Ober- und Unterbegriffe beurteilen: Je mehr genannt werden und je mehr sie den relevanten Begriffen der Unterrichtsreihe entsprechen, desto höher augenscheinlich die Qualität.

Das in diesem Buch vorgestellte Landkartendenken ähnelt dem Prinzip des Mindmapping insofern, als zunächst möglichst viele Einzelaspekte genannt werden sollen. Diese Funktion der Visualisierung – der erste diagrammatische Schritt – wird allerdings nur zur *Vorbereitung* genutzt. Entscheidend ist der zweite diagrammatische Schritt, die *Erkundung* eines Themas, um schließlich *eigene Schlüsse* im dritten diagrammatischen Schritt, z. B. in Form von offenen Fragen oder Interessenschwerpunkten, zu ziehen.

Betrachtet man zudem die Konstruktionsrichtung beider Typen, so fällt ihre Gegenläufigkeit auf: Während Mindmaps grundsätzlich »ausstrahlend« bzw. divergent entwickelt werden – d. h. von allgemeineren zu immer spezifischeren Begriffen –, so entstehen die hier vorgestellten Lernlandkarten nach einem im etymologischen Sinn »konkurrierenden«, also zusammen laufenden Muster. Die Bezeichnungen »konzentrisch« oder »konvergent« wären hier u. E. irreführend, denn sie würden suggerieren, dass die Darstellungen auf jeder Lernlandkarte auf das innere Zentrum der Karte hin zusammenlaufen. Allerdings können sich im dritten diagrammatischen Schritt auch mehrere Zentren abzeichnen oder gar ein *exzentrischer* Schwerpunkt. Über die Erkundung vieler einzelner, zunächst wenig zusammenhängender Einzelpunkte werden Zusammenhänge geschaffen. Erst dadurch entstehen Knotenpunkte und relevante Schwerpunkte, die den Weg der weiteren Auseinandersetzung vorzeichnen. Die folgenden Abbildungen stellen schematisch die unterschiedlichen Entwicklungsrichtungen dar.

Abb. 17: (links): Schematische Mindmap (nach Buzan)

Abb. 18: (rechts): Schematische Lernlandkarte

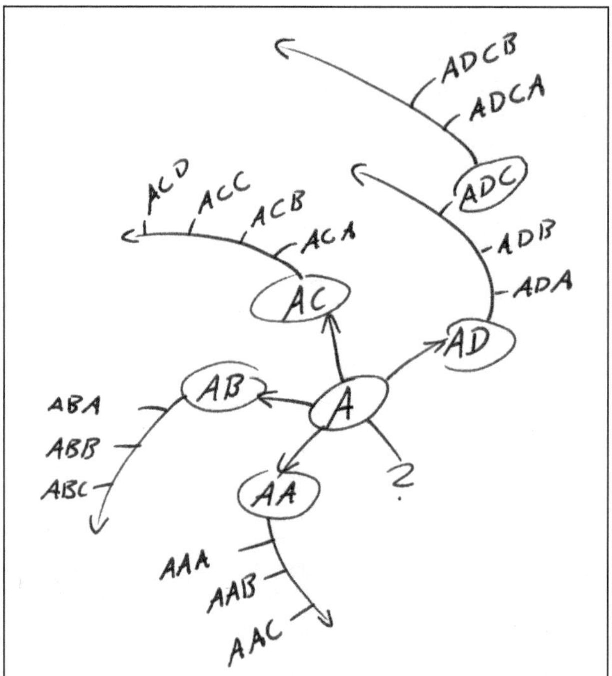

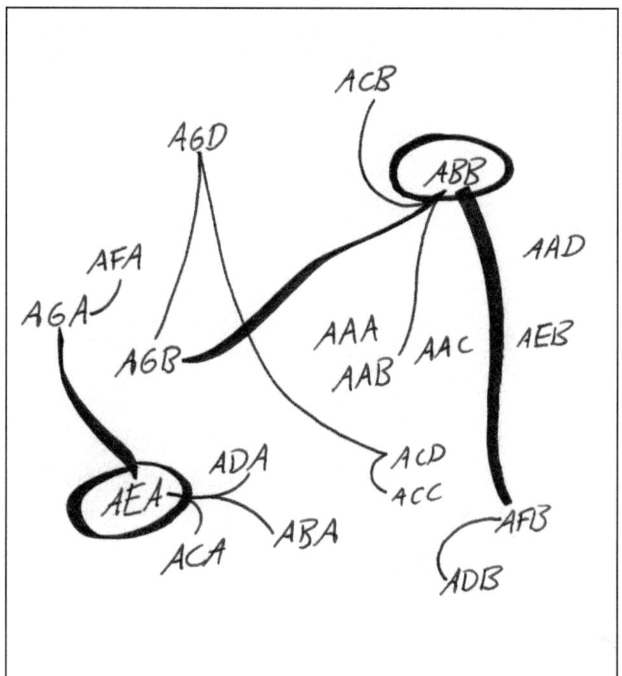

Möchten Sie Ihre Schüler/innen künftig darin unterstützen, eigene thematische Zugänge zu erschließen und im Sinne der Produktion von neuem Wissen (Kap. 1.2) unbekanntes Terrain zu betreten, sollten Sie sich bewusst machen, dass Mindmaps schon durch ihre exzentrische Struktur eher geeignet sind, vorhandenes Wissen zu *reproduzieren*. Die für Lernprozesse entscheidenden Ausgangsfragen: *Was interessiert dich daran besonders? Was fordert dich heraus?* werden explizit nicht sichtbar gemacht, denn letztlich laufen alle Einzelpunkte nur auf einen zentralen Begriff zu. Allerdings lässt sich der zweite diagrammatische Schritt auch auf Mindmaps anwenden, indem Einzelpunkte in Beziehung zueinander gesetzt werden. Aus der Mindmap wird dann eine Concept-Map, die Struktur der Baumdiagramme wird dabei aufgelöst.

Um das Muster einer Lernlandkarte zu veranschaulichen, kann auch die Analogie zu einer Flusslandschaft hergestellt werden: Aus vielen Quellen werden Flüsse, die in einen See münden. Wir haben die oben genannten drei diagrammatischen Schritte im Folgenden durch einen Storytelling-Kommentar ergänzt, der dieses Bild aufgreift:

Wegweiser – Storytelling für die drei diagrammatischen Schritte

Stell dir das Thema als eine weite Landschaft vor, auf die du hinabschaust. Alles, was du schon weißt, vermutest oder gerne wissen möchtest, liegt dort verborgen.

1) Veranschauliche, welche Inhalte und Kompetenzen deiner Ansicht nach im Einzelnen für dieses Thema wesentlich sind. Wähle in deiner Darstellung Formen aus, die anschaulich machen, was du dir gedacht hast. Mit Inhalten sind alle Aspekte eines Themas gemeint, die dir wichtig erscheinen: Annahmen, Thesen, Erklärungen, Beschreibungen, Probleme, Fragen, ...
   Jeder Einzelpunkt, der dir einfällt, ist eine kleine, sprudelnde Quelle, die an einem von dir bestimmten Ort in der Landschaft entspringt. Quellen, die nah verwandte Einzelpunkte darstellen, können auch nah beieinander liegen. Quellen, die sehr unterschiedliche Einzelpunkte darstellen, können weit voneinander entfernt sein. Nach und nach lässt du die Quellen entspringen und gibst ihnen jeweils einen Namen.
2) Mache dir bewusst und in deiner Lernlandkarte kenntlich, wie stark die Verbindungen zwischen den einzelnen Punkten sind (z. B. Breite einer Straße, eines Flusses o. Ä.) und von welcher Art die Verbindungen sind (z. B. Hindernisse und Gefahren auf dem Weg). Kennzeichne, ob die Verbindungen Ursachen, Mittel/Zweck oder eine zeitliche Abfolge darstellen sollen.
   Erkunde deine Landschaft genau: Welche Quellen gehören für dich zusammen? Wenn du einen Zusammenhang entdeckst, fließt auch das Wasser beider Quellen zusammen. Je wichtiger der Zusammenhang für dich ist, desto mehr Wasser fließt. Nach und nach entstehen kleine Bäche oder größere Flüsse.
3) Hebe hervor und ergänze, welche Fragen sich dir in Bezug auf bestimmte Inhalte stellen. Deine Fragen können sich u. a. darauf beziehen, warum etwas so ist, wozu etwas gut ist, wann etwas passiert.

Deine Landschaft hat sich, während du deine Lernlandkarte erstellt hast, verändert: Manche Quellen sind versiegt oder nur durch schmale Rinnsale verbunden. Andere jedoch haben breite Ströme gebildet, weil du dort immer wieder Zusammenhänge entdeckt hast oder weil dich etwas besonders neugierig gemacht hat.
Die Quellen, an denen die breitesten Ströme enden, werden zu Seen. Vielleicht gibt es mehrere kleine Seen, vielleicht aber auch einen großen See. Dort findest du ein Boot, mit dem du dich auf eine Forschungsreise machst, um Antworten zu finden. Viel Erfolg und gute Fahrt!

Die folgenden Beispiele verdeutlichen den Unterschied zwischen Lernlandkarten und Mindmaps (Abb. 19). Melina, eine Schülerin aus der 8. Klasse, hat sich bereit erklärt, im Rahmen eines Projektes im Englischunterricht beide Formen – Mindmap und Lernlandkarte – zu erstellen. Dabei hat sie zunächst die in Abbildung 19 dargestellte Mindmap angefertigt, ausgehend von folgender Anweisung:

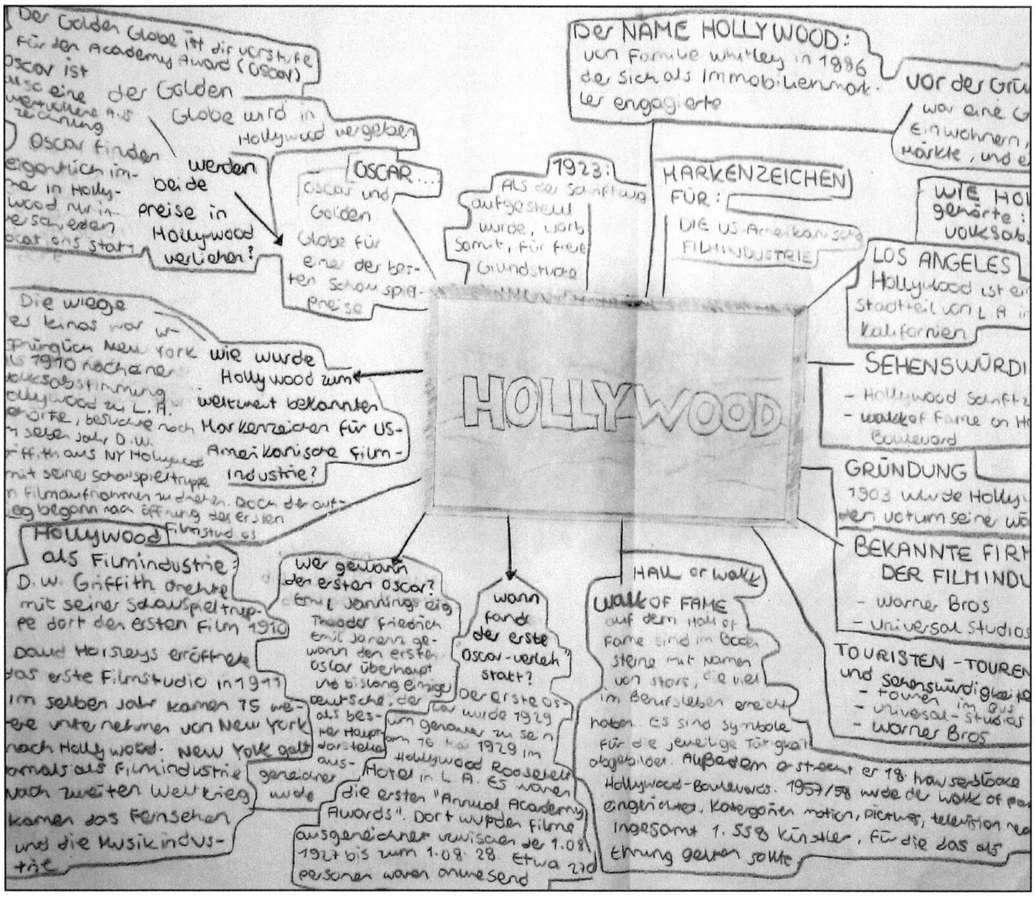

Abb. 19: Mindmap »Hollywood« (Melina Hübner, 8. Klasse)

Take a few minutes and think about an interesting topic for a project. The topic must be related to the USA. Then draw a mindmap and collect your ideas.

Das Prinzip der Mindmap war Melina, nicht zuletzt durch die häufige Verwendung im Unterricht (und ein fächerübergreifendes Methodentraining), vertraut. Das divergente Prinzip wird klar erkennbar, allerdings hat sie die Oberbegriffe häufig bereits mit reichhaltigen Textbausteinen ergänzt.

Danach hat sie die Anweisung für die Lernlandkarte erhalten:

Take a few minutes and think about your topic for the USA project.
Then draw a map and follow these three steps:

Step 1: What belongs to this topic in your opinion?
Write down as many ideas as you can.
Step 2: How are these things related to each other?
Draw fat or thin lines to show the relations.
Step 3: What do you find most interesting – and what would you like to find out now?
Add some questions to your map.

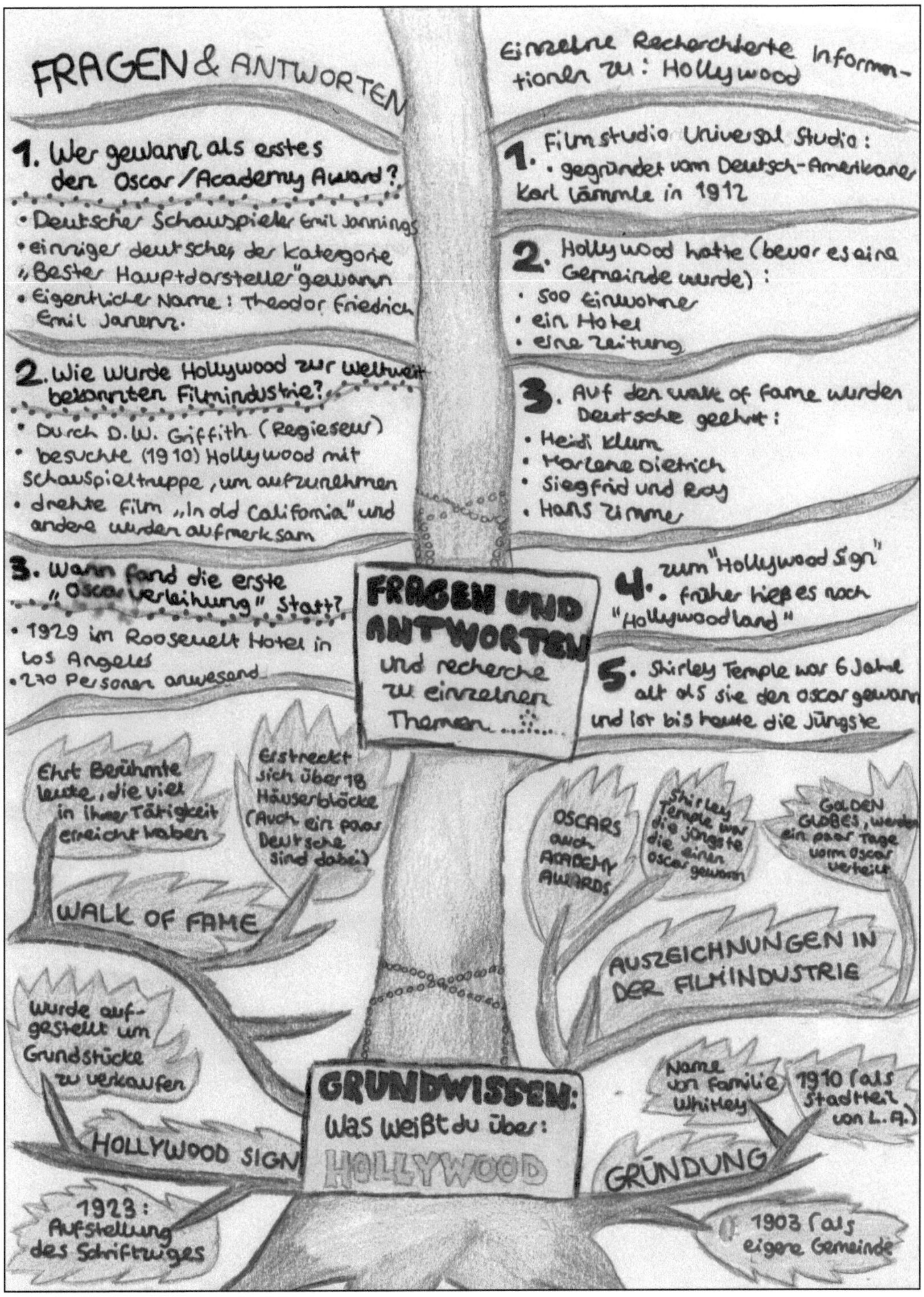

Abb. 20: Lernlandkarte »Hollywood« (Melina Hübner, 8. Klasse)

Die Lernlandkarte zeigt auf den ersten Blick einen Baum, der jedoch bei näherer Betrachtung keine naturgetreue Darstellung eines Baumes ist: An der Baumwurzel finden sich Äste, die eher einer Baumkrone gleichen, während sich am oberen Stamm gleichbleibende, parallel verlaufende Äste befinden. Die Schülerin erklärte diese Brüche in ihrer Lernlandkarte sinngemäß so: Der erste diagrammatische Schritt bestand im Sammeln von Einzelpunkten, ausgehend von ihrem Thema »Hollywood«. Erst danach habe sie die Begriffe durch Äste verbunden und mit Blättern eingerahmt. Ausgehend von diesen Verbindungen habe sie ihre »Fragen und Antworten« der Wichtigkeit nach geordnet. Natürlich hat sie hier auch ihr Vorwissen aus der Mindmap einfließen lassen. Abschließend hielt sie fest, dass die Mindmap zum Sammeln von Ideen genauso gut geeignet war wie die Lernlandkarte, allerdings fand sie die Bestimmung von Interessenschwerpunkten schwieriger – die Mindmap erschien ihr im

Vergleich zur Lernlandkarte »wirr«. Auf der Lernlandkarte hatte sie klar vor sich, was ihr am wichtigsten für das Thema war.

Dies soll keineswegs bedeuten, dass der Einsatz von Mindmaps in der Schule überflüssig ist. Sie eignen sich vorzüglich zum Sortieren und Visualisieren von Ideen. Wir möchten jedoch dazu anregen, die für individuelle Erkundungen und Zielbestimmung in Lernprozessen viel bedeutsamere Trias diagrammatischer Schritte zu nutzen, um die reine Visualisierung zu *überschreiten.* Unserer Erfahrung nach bleibt das Potenzial diagrammatischer Darstellungen häufig ungenutzt, wenn im Rahmen der Entwicklung methodischer Kompetenzen Mindmaps immer nach demselben Schema vermittelt werden.

4

Mit Lernlandkarten üben

Sie möchten, dass Ihre Schüler/innen im Verlauf einer Unterrichtsreihe üben und dabei das Landkartendenken nutzen? Im Folgenden zeigen wir Ihnen zunächst fächerübergreifend alle notwendigen Schritte auf. In den sich anschließenden Kapiteln können Sie anhand ausgewählter Beispiele aus konkreten Fächern und Unterrichtsreihen nachvollziehen, wie sich dies umsetzen lässt.

Übersicht

Schritte für das Üben mit Lernlandkarten

1) Geben Sie Ihren Schüler/innen eine einführende Beschreibung für das Erstellen einer Lernlandkarte.
2) Händigen Sie Ihren Schüler/innen eine Arbeitsanweisung zur Erstellung der Lernlandkarten aus.
3) Geben Sie Ihren Schüler/innen, je nach Vertrautheit mit dem Erstellen von Lernlandkarten, Tipps zu den drei Schritten.
4) Lassen Sie die Lernlandkarten erstellen.
5) Geben Sie die Möglichkeit zum Austausch über die Lernlandkarten.
6) Planen Sie von dort aus zusammen mit Ihren Schüler/innen die weiteren Lernprozesse.

4.1 Die einzelnen Schritte im Überblick

Sie möchten den Schüler/innen im Verlauf einer Unterrichtsreihe Raum dafür geben, ihr erworbenes Wissen zu »festigen und [zu] vertiefen« (Maier et al. 2013, S. 14). Üben gilt dann als besonders nachhaltig, wenn es nicht einzeln zu bestimmten Teilaspekten oder -kompetenzen erfolgt, sondern »vermischt« (Lipowsky, zit. nach Wild/Möller 2015, S. 88), d.h. nachdem bereits mehrere Teilaspekte und -kompetenzen Gegenstand waren. So besteht die Herausforderung dann darin, auf das zurückzugreifen, was über einen längeren Zeitraum von Wochen hinweg gelernt wurde (vgl. Maier 2015). Gelerntes muss dadurch in seinem Zusammenhang gesehen werden; der Schwerpunkt liegt damit nicht auf einem wiederholten Lernen, sondern auf der Rekonstruktion dessen, was gewusst bzw. gekonnt wird (Maier 2015, S. 89). Schließlich ist für das Üben bedeutsam, dass sich darin meist explizites und implizites Wissen verzahnen (Renger 2017, S. 780), insofern explizites Wissen, das in einer Unterrichtsreihe erworben wurde, aktiviert wird, ebenso aber implizites Wissen z.B. in Bezug darauf, wie sich bestimmte fachlich relevante Tätigkeiten (z.B. einen Kreis mit einem Zirkel zeichnen) vollziehen. Eine solche Sicht auf das Üben legt den Einsatz von Lernlandkarten schon auf den ersten Blick nahe, da damit besonders gut Zusammenhänge erkundet werden können (s. KV7). Dennoch sollte klar sein, dass sie nur eine von vielen Möglichkeiten darstellt, etwas zu üben.

KV 7

Sie sollten, wie auch in allen anderen Fällen, in einem **ersten Schritt** in einer einführenden **Beschreibung** für Ihre Schüler/innen transparent machen, welchen **Zweck** Sie mit dem Erstellen von Lernlandkarten verfolgen:

Wegweiser – Vorlage für eine einführende Beschreibung zum Üben mit Lernlandkarten

In der heutigen Stunde will ich euch die Möglichkeit geben, die Inhalte und Kompetenzen dieser Unterrichtsreihe zu üben. Jeder von euch bekommt gleich Zeit, zu diesem Zweck eine Lernlandkarte zu erstellen.

Das Erstellen einer Lernlandkarte soll dir dann dabei helfen, herauszufinden,
- auf welche Inhalte und Kompetenzen du zurückgreifen kannst, die du gelernt bzw. erworben hast,
- welche für dich neuen Zusammenhänge du zwischen den Inhalten und Kompetenzen herstellen kannst,
- was du noch genauer verstehen willst oder noch besser können willst.

Die fertige Lernlandkarte soll dir dann dabei helfen, einen Überblick über deinen derzeitigen Lernstand zu erhalten.

Die Beschreibung dient dazu, dass die Schüler/innen darüber **informiert** werden, dass die Lernlandkarten als Selbstbefragungsinstrument (vgl. Meyer/Jansen 2016, S. 121) dazu dienen, etwas darüber herauszufinden, was sie bisher gelernt haben und welche Zusammenhänge sie dabei entdecken.

Sie können bei Bedarf das Üben auf eine Auswahl von Inhalten, Gegenständen bzw. Kompetenzen beschränken und die o.g. Beschreibung entsprechend modifizieren.

Nun benötigen Sie in einem **zweiten Schritt** ebenfalls eine passende **Arbeitsanweisung**. Mit deren Hilfe können Sie und Ihre Schüler/innen möglichst umfangreiche Informationen (vgl. Jansen/Meyer 2016, S. 66) darüber erhalten, welches Wissen die Schüler/innen bereits erlangt haben – insofern dieses reproduzierbar in Form einer Lernlandkarte ist. Bedenken Sie in diesem Zusammenhang, dass Übungsformen in einer Unterrichtsreihe abwechslungsreich sein sollten, da die Form auch das Ergebnis beeinflussen kann. Achten Sie deshalb darauf, die folgende schematische Arbeitsanweisung so zu spezifizieren, dass für Ihr Unterrichtsfach und die jeweilige Unterrichtsreihe sichergestellt ist, dass ausgehend von dieser auch tatsächlich geübt werden kann. Eine entsprechende Arbeitsanweisung könnte schematisch so lauten:

Wegweiser – Muster für eine Arbeitsanweisung zum Üben mit Lernlandkarten

Nimm eine Seite in deinem Heft oder ein Blatt (DIN A4 oder A3) zur Hand.

1) Veranschauliche, welche Inhalte du dir erschlossen hast und welche Kompetenzen du erworben hast.
2) Hebe graphisch hevor, wie die dir bekannten Inhalte und Kompetenzen für dich zusammenhängen.
3) Hebe hervor und ergänze, was für dich noch unklar ist und was du noch intensiver üben möchtest.

Du hast dafür ... Minuten Zeit.
Arbeite während dieser Zeit für dich alleine und tausche dich mit niemandem aus. Schaue auch nichts in deinen Unterlagen, Büchern oder im Internet nach.

Sie finden hier alle drei diagrammatischen Schritte wieder (vgl. Kap. 1): die Veranschaulichung (1) im ersten Schritt, das Erkunden und Untersuchen (2) im zweiten Schritt sowie das Ziehen von Schlüssen (3) im dritten Schritt.

Je nach Vertrautheit der Schüler/innen mit dem Landkartendenken können in Übungsphasen die Schritte 2 und 3 in einem Gespräch vertieft werden, in dem – methodisch als mündliche Befragung (vgl. Jansen/Meyer 2016, S. 62) – das Erkunden und Schlüsseziehen explizit vollzogen werden.

Eine zeitliche Vorgabe ist nur dann erforderlich, wenn sie überprüfen wollen, ob in einer bestimmten Zeit eine Übung erfolgreich abgeschlossen werden kann. Zu empfehlen ist dies nicht, da auch in Übungsphasen kreative Potenziale im Landkartendenken genutzt werden sollen (Kap. 1.2).

Ebenso ist es wichtig, darauf hinzuweisen, dass jeder für sich alleine eine Lernlandkarte erstellt und dabei auf keine Hilfsmittel zurückgreift. Der Aktivierungsprozess von eigenem Wissen und möglichen Zusammenhängen ist kognitiv anspruchsvoll; um ihn durchlaufen zu können, sind mögliche Vermeidungshaltungen – ich frage jemand anderen, ich schaue schnell etwas in meinen Unterlagen, in Büchern oder im Internet nach – auszuschließen.

Falls dies von Ihnen erwünscht ist und für die Nutzung des Landkartendenkens wichtig ist, können natürlich bestimmte Materialien (z. B. Übersichtsseiten im Schulbuch, eigene Unterlagen etc.) benutzt werden. Sie ändern dann die Beschreibung entsprechend.

Zusätzlich sollten Sie in einem **dritten Schritt** Hinweise geben, die störende Faktoren ausblenden, die unserer Erfahrung nach unbedingt zu beachten sind:

Wegweiser – Vorlage für Tipps zur Erstellung von Lernlandkarten

Wähle eine Form, die dir naheliegt und die du schnell erstellen kannst. Du kannst so viel schreiben, symbolisieren, zeichnen, malen, skizzieren wie du magst.

1) Wähle in deiner Darstellung Formen aus, die anschaulich machen, was du schon weißt und kannst.
2) Mache dir bewusst und in deiner Lernlandkarte kenntlich, wie stark die Verbindungen zwischen den einzelnen Punkten sind (z. B. Breite einer Straße, eines Flusses o. Ä.) und von welcher Art die Verbindungen sind (z. B. Hindernisse und Gefahren auf dem Weg). Kennzeichne, ob die Verbindungen Ursachen, Mittel/Zweck oder eine zeitliche Abfolge darstellen sollen.
3) Markiere graphisch oder ergänze ggf. anschaulich, was du noch genauer verstehen willst oder noch besser können möchtest.

Diese Hinweise sind unserer Erfahrung nach entscheidend, damit das Landkartendenken auch in Übungsphasen in seinen Möglichkeiten ausgeschöpft werden kann. Ansonsten besteht die Gefahr, dass Schüler/innen nur den ersten Schritt im Erstellen der Lernlandkarte gehen, die für das Üben wichtigen Schritte des Erkundens von Zusammenhängen und das Schließen auf das, was noch besser verstanden oder gekonnt werden will, aber ausbleiben. Zu diesem Zweck können Sie die oben genannten Hinweise ggf. auch noch genauer ausführen.

Im **vierten Schritt** werden die Lernlandkarten erstellt. Sie müssen als Lehrkraft in dieser Phase kontrollieren, dass die festgelegten Bedingungen eingehalten werden: Die Schüler/innen sprechen nicht miteinander; nichts darf nachgeschlagen oder nachgeschaut werden (außer Sie haben dies ausdrücklich in der Beschreibung vorgegeben).

Wenn die Lernlandkarten erstellt sind, ist in einem **fünften Schritt** ein mündlicher Austausch möglich, insofern Ihre Schüler/innen die Möglichkeit erhalten sollen, sich gegenseitig zu ihren Übungsergebnissen zu informieren und zu befragen. Eine explizite Formulierung des eigenen Darstellungs-, Erkundungs- und Schlussprozesses ermöglicht es, sich selbst zu vergewissern, was wie gewusst und gekonnt wird, welche Zusammenhänge erkundet wurden und welche Fragen und Ideen entstanden sind.

Tipp – Reflexionshilfen zur Beurteilung von Lernlandkarten

Die Phase des gemeinsamen mündlichen Austauschs kann auch stärker strukturiert werden durch Leitfragen zur Art der erstellten Lernlandkarten:

Wenn du daran zurückdenkst, wie du deine Lernlandkarte erstellst hast, warst du dann dabei
... vor allem konzentriert auf das Zeichnen und Aufschreiben der *Einzelpunkte?*
... vor allem konzentriert auf die *(Art der) Verbindung der Einzelpunkte?*
... vor allem konzentriert auf die *Fragen und Ideen*, die sich für dich ergeben bzw. die du hast?

Je nach Grad der Individualisierung und Art der Planung kann der mündliche Austausch – am besten in Form eines Marktplatzes – unterschiedliche Funktionen im Planungsprozess haben:

Wegweiser – Austausch über Lernlandkarten

Nutzen Sie den Austausch über Lernlandkarten
- zur gegenseitigen Information,
- zur Vertiefung mündlicher Kompetenzen,
- zur Planung des weiteren Unterrichtsverlaufs.

Nehmen wir nun an, dass in Ihrem Unterricht jede Schülerin/jeder Schüler eine solche Lernlandkarte erstellt hat. Wie können Sie, wie können Ihre Schüler/innen nun diese **Lernlandkarten**, im abschließenden, **sechsten Schritt nutzen**, um Lernprozesse fortzusetzen?

Wegweiser – Als Lehrkraft Lernprozesse planen

Nutzen Sie die mittels Lernlandkarten (und ggf. ergänzender Interviews) gewonnen Informationen, um eine Unterrichtsreihe in ihrem Fortgang weiter inhaltlich zu planen: Berücksichtigen Sie dabei vor allem

- fachlich wichtige Sachverhalte, bei denen Sie Unsicherheiten oder nicht ausreichende Kenntnisse erkennen,
- fachlich wichtige Zusammenhänge, bei denen Sie Unsicherheiten oder nicht ausreichende Kenntnisse erkennen,
- Aspekte, die Sie bisher noch nicht ausreichend berücksichtigt haben, die aber in den Fragen und Ideen der Schüler/innen zum Ausdruck kommen,
- Aufgaben, die sich ausgehend von den Lernständen anbieten würden.

Sie müssen dies nun im Planungsprozess abgleichen mit den Inhalten und Kompetenzerwartungen, die curricular vorgegeben sind. Erst nach diesem Abgleich können Sie nun konkreter weiterplanen. Bei der Auswahl von weiteren Aufgaben können Sie entweder auf schon bestehendes Material bzw. Schulbücher zurückgreifen oder selbst Aufgaben erstellen.

Möchten Sie Lernprozesse stärker in die Hand von Schüler/innen legen, dann können Sie diese Lernlandkarten auch auf andere Weise nutzen:

Wegweiser – Als Schüler/in Lernprozesse planen

Schüler/innen können die erstellten Landkaten nutzen, um

- sich Aufgaben zu stellen, um bestehendes Wissen und Kompetenzen zu vertiefen bzw. zu erwerben,
- mit Blick auf den laufenden Lernprozess zu reflektieren (Kap. 5), was in welcher Zeit noch zu tun bleibt.

Schüler/innen können sich also bspw. in unterschiedlichen Teams, ausgehend von ihren Lernlandkarten, überlegen, wie sie in ihrem Lernprozess weiterverfahren wollen und wie sie sich dazu passende Aufgaben stellen können. Wurden zu Beginn des Unterrichts bereits Lernlandkarten erstellt, so können diese nun auch, wie bereits beschrieben (S. 46), ergänzt werden.

Mit Lernlandkarten üben in der Sekundarstufe I 4.2

Werfen wir zunächst den Blick auf ein Beispiel aus der Sekundarstufe I. Im Mathematikunterricht der Klasse 9 werden Kreisberechnungen und Berechnungen am Zylinder als Thema der Geometrie behandelt. Die Schüler/innen haben zu Beginn der Unterrichtsreihe eine Kompetenzmatrix erhalten, in dem auf drei Stufen Kompetenzerwartungen und jeweils passende Aufgaben zusammengestellt sind.

Am Ende der Unterrichtsreihe – nach der Klassenarbeit – wird den Schüler/innen die Möglichkeit gegeben zu üben, das erlangte Wissen im Zusammenhang darzustellen und Zusammenhänge zwischen den verschiedenen Aspekten des Themas zu untersuchen. Gegenstand dieser Übung sind also die vergangenen Unterrichtswochen und Ziel ist die Rekonstruktion dessen, was bisher gelernt wurde (Kap. 4.1). Die entsprechende einführende Beschreibung bzw. Arbeitsanweisung lautet wie folgt:

In der heutigen Stunde will ich euch die Möglichkeit geben, die Inhalte und Kompetenzen unserer Unterrichtsreihe zu Kreis und Zylinder zu üben. Jeder von euch bekommt gleich Zeit, zu diesem Zweck eine Lernlandkarte zu erstellen.

Das Erstellen einer Lernlandkarte soll dir dann dabei helfen, herauszufinden,
- *welche Inhalte (und Kompetenzen aus der Kompetenzmatrix) du in Bezug auf das Thema »Kreis und Zylinder« bisher gelernt hast,*
- *welcher Zusammenhang für dich zwischen den dir bekannten Inhalten (und Kompetenzen aus der Kompetenzmatrix) besteht,*
- *was du noch genauer verstehen willst oder noch besser können willst.*

Die fertige Lernlandkarte soll dir dann dabei helfen, einen Überblick über deinen derzeitigen Lernstand zu erhalten.

Arbeitsanweisung
Nimm ein farbiges Blatt deiner Wahl (DIN A4 oder A3) zur Hand.
1) *Veranschauliche, welche Inhalte du dir erschlossen und welche Kompetenzen du erworben hast in Bezug auf das Thema »Kreis und Zylinder«.*
2) *Hebe graphisch hervor, wie die dir bekannten Inhalte und Kompetenzen für dich zusammenhängen.*
3) *Hebe hervor und ergänze, was für dich noch unklar ist und was du noch intensiver üben möchtest.*

Du hast dafür 45 Minuten Zeit.
Arbeite während dieser Zeit für dich alleine und tausche dich mit niemandem aus. Schaue auch nichts in deinem Heft, dem Mathematikbuch oder im Internet nach.

Im Folgenden sehen Sie beispielhaft einige Lernlandkarten. Betrachten wir zunächst eine Lernlandkarte, die sich inhaltlich auf der ersten von drei Kompetenzstufen bewegt und in der ein Fußballfeld als Ausgangspunkt gewählt wurde (Abb. 21).

Es lässt sich erwarten, dass die gewählte Darstellungsweise in unmittelbarem Zusammenhang zu den Inhalten der Unterrichtsreihe steht, da die schematische Darstellung eines Fußballfeldes unter anderem Kreise und Halbkreise enthält.

Tipp

Ermutigen Sie Ihre Schüler/innen ggf. dazu, Darstellungsformen zu wählen, die ihnen durch Hobbies und eigene Interessen vertraut sind (z. B. Fußball oder Onlinespielen). Eine entsprechende Übertragung und Übersetzung von Inhalten in ein anderes Bedeutungsfeld kann neue Erkenntnisse ermöglichen und stellt eine besondere kreative Leistung dar.
Achten Sie jedoch dabei darauf, dass Sie Ihre Schüler/innen darin unterstützen, diese Übertragungsleistung auch möglichst durchgängig in ihrer Lernlandkarte zu vollziehen. Ggf. kann dies auch in einem Gespräch nach der Erstellung einer Lernlandkarte geschehen.

Doch der Zusammenhang zwischen Darstellungsform und Inhalten ist in der gezeigten Lernlandkarte nicht ganz durchgängig: Zwar wird etwa im ersten diagrammatischen Schritt der Elfmeterpunkt genutzt, um an seiner Stelle einen Kreisring zu zeichnen, neben den die richtige Formel notiert wird zu seiner Berechnung. Oder wichtige Begriffe werden in den Anstoßkreis notiert. Doch andererseits werden im zweiten diagrammatischen Schritt Zusammenhänge graphisch auf problematische Weise hergestellt. So notiert der Schüler in das Rechteck des Torraums die Formel für die Berechnung des Flächeninhalts eines Kreises. Die Liste der Begriffe im Anstoßkreis enthält als Erstes den griechischen Buchstaben Pi, danach folgen die Begriffe »Durchmesser«, »Radius«, »Kreisbogen« und »Kreise«. Auf den

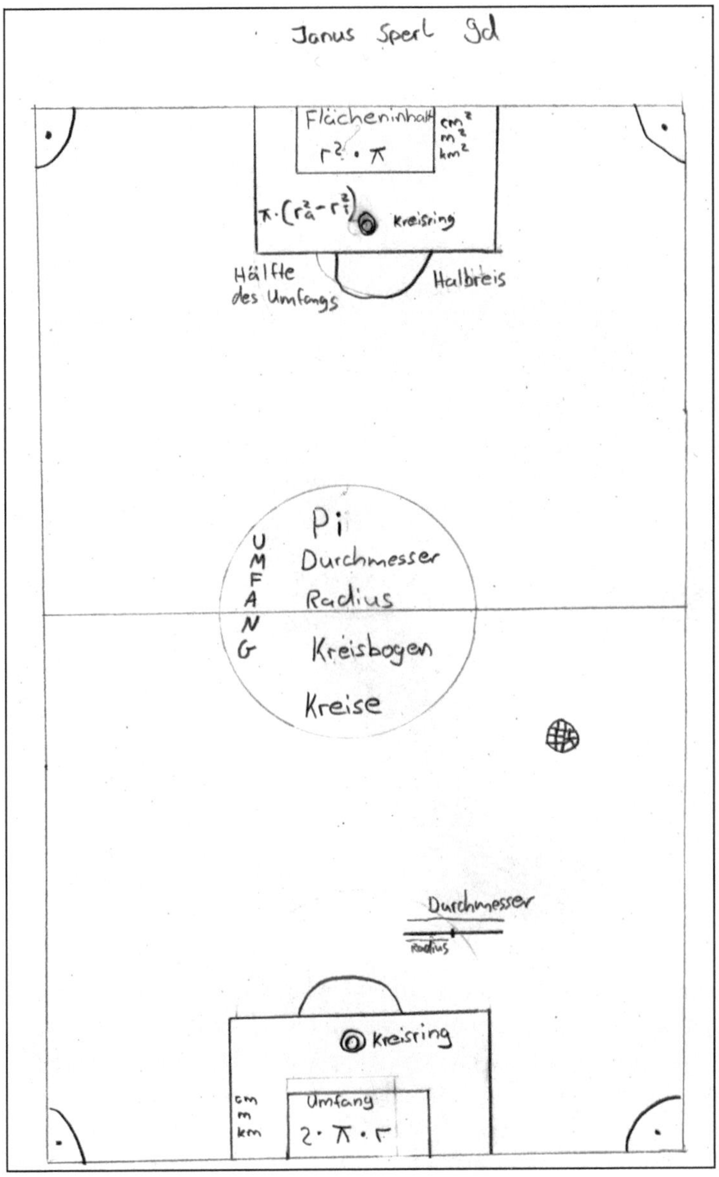

Abb. 21: Lernlandkarte »Kreisberechnungen« (Janus Sperl, 9. Klasse)

ersten Blick könnte dies als fehlerhaft angesehen werden: Eine Formel steht in einer Form, auf die sie sich nicht bezieht; kategorial unterschiedliche Begriffe werden ohne erkennbaren Zusammenhang aufgelistet. Es stellt sich aber heraus, dass das Fußballfeld als metaphorischer Quell-Bereich zu verstehen ist. Die beiden Tore stehen für die Ziele in Bezug auf die Unterrichtsreihe: Umfang und Flächeninhalt mit den jeweils dazugehörigen Längen- bzw. Flächeneinheiten. Sowohl die Deutung auf den ersten Blick als auch die Vorgehensweise des Schülers können Ausgangspunkt für einen Austausch über die Lernlandkarte sein, die sich sowohl auf den zweiten als auch auf den dritten diagrammatischen Schritt bezieht: Welche Zusammenhänge hast du neu für dich entdeckt? Was möchtest du noch besser verstehen? Was möchtest du noch besser können? Damit wird insgesamt deutlich, dass in dieser Lernlandkarte Inhalte – im Sinne einer Wiederholung – nicht bloß aufzählend visuell dargestellt werde, sondern in einen neuen Zusammenhang gebracht werden. Die Rekonstruktion findet dabei über den gewählten metaphorischen Quell-Bereich des Fußballfeldes statt.

Vergleichen wir dieses Beispiel mit einer anderen figurativen Nutzung der Form des Fußballfeldes. Im folgenden Beispiel (Abb. 22) hat ein Schüler das Fußballfeld als metaphorische Quelle genutzt, um zu erläutern, wie sich die Gesellschaft veränderte.

In dieser Lernlandkarte wird das Leben als (Fußball-)Spiel veranschaulicht, in welchem Menschen gegen Menschen antreten. Beginnend am »Anfang der Welt« am linken Spielfeldrand, wird von der Schöpfung der Menschheit über erste Gemeinschaften, die als eine

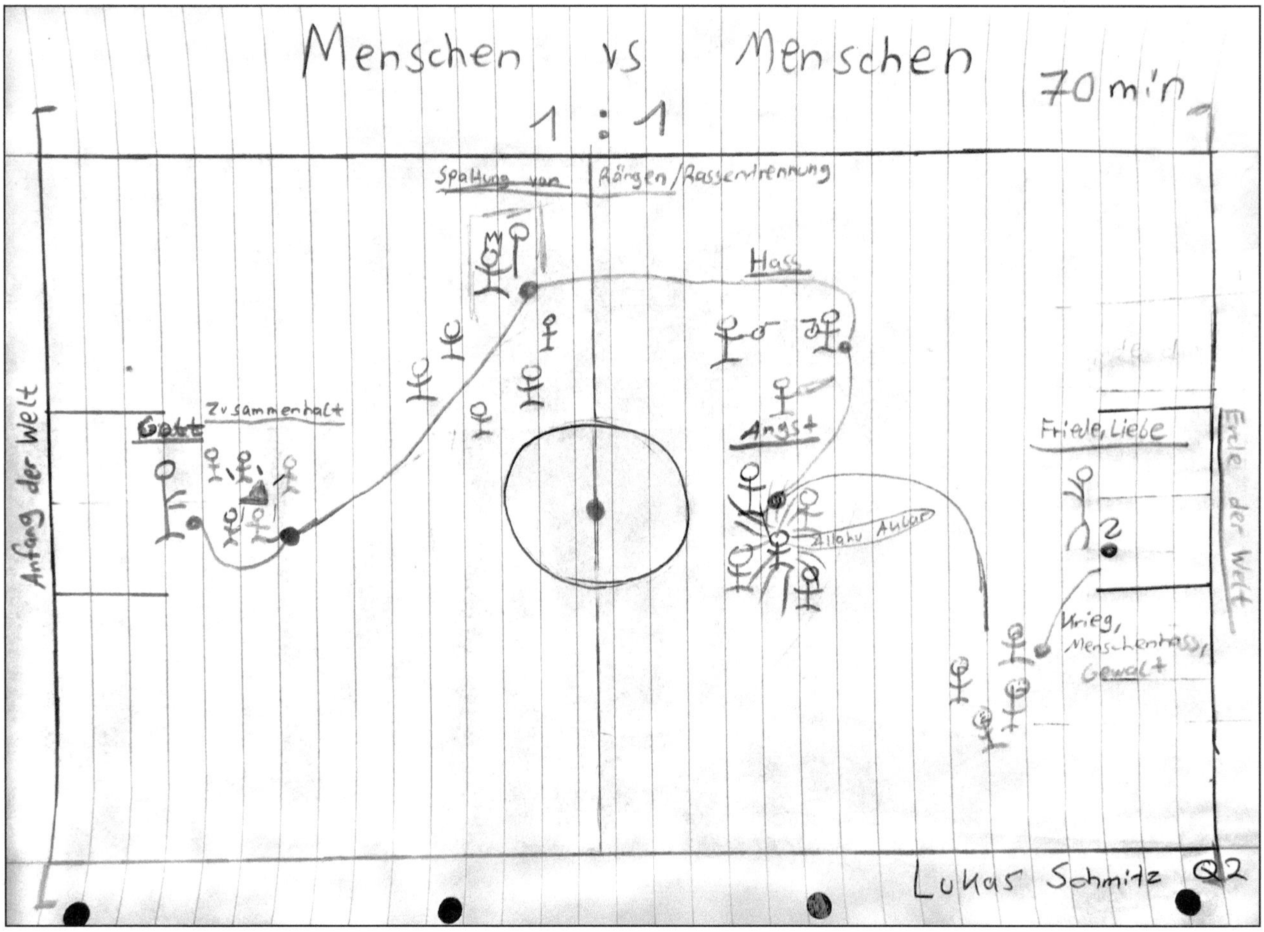

Abb. 22: Lernlandkarte »Wie sich die Gesellschaft verändert(e)« (Lukas Schmitz, Qualifikationsphase 2 in der Sekundarstufe II)

Art friedlicher Gemeinschaft in einem goldenen Zeitalter um ein Feuer sitzend dargestellt werden, ausgegangen. Über unterschiedliche Herrschaftsformen hinweg, hier beispielhaft die Monarchie, kommt die Menschheit zur »Spaltung von Rängen« und zur Rassentrennung, die wiederum mit »Hass« und »Angst« zu einem Kriegszustand führen, in dem sich die Menschheit derzeit befindet. Es ist noch kein Krieg aller gegen alle gemeint, wohl aber eine prekäre Situation. Diese ist vor allem dadurch gekennzeichnet, dass die Menschen, die noch immer im Spiel sind, allerdings in den letzten Zügen bzw. im letzten Zug des Spieles, sich entscheiden müssen: Wollen sie in Frieden und Liebe (weiter)leben oder in Krieg, Menschenhass und Gewalt untergehen?

Der Schüler eröffnet in dieser Lernlandkarte einerseits eine historische Ebene, die die gesellschaftliche Entwicklung widerspiegeln soll, und entwirft andererseits gleichzeitig eine Fragestellung, die sich schon in die politische Philosophie einordnen ließe.

Auf den ersten Blick wirkt die Karte eher karg und der erste diagrammatische Schritt mit der Benennung möglichst vieler Einzelpunkte scheint nicht erfolgt zu sein. Auf den zweiten Blick erkennt man aber, dass der Schüler bei seiner Herangehensweise die drei diagrammatischen Schritte miteinander verschränkt hat. Diese Lernlandkarte stellt den Aspekt des Zusammenlaufens mehrerer Einzelpunkte (Kap. 3.4) auf einzigartige und originelle Weise dar. Das Thema »Sozialer Wandel – wie sich die Gesellschaft verändert(e)« wurde ausgehend vom metaphorischen Quell-Bereich des Fußballspiels entwickelt, der dargestellte Spielverlauf stellt gegensätzliche Aspekte menschlichen Zusammenlebens (»Zusammenhalt«, »Friede«, »Liebe«, »Hass«, »Angst«) dar. Die Verknüpfung erfolgt über den zeitlichen Verlauf des Spielzugs: Vom »Anfang der Welt« wird der Ball an thematischen Spielstationen (den in Kap. 3.4 beschriebenen »Quellen«) bis zum »Ende der Welt« gepasst. Der Torschuss endet in einem Fragezeichen: »Friede« oder »Krieg«? Es geht also um mehr als die Einzelpunkte, es geht um ihre Abhängigkeit und zeitliche Aufeinanderfolge, die in einer für den Schüler entscheidenden Fragestellung münden.

Durch dieses Beispiel wird ein weiteres Mal deutlich, dass die Erstellung von Lernlandkarten im Unterschied zum Arbeiten mit einer Mindmap, die von einem Zentrum zu Einzelpunkten führt, ganz andere, inhaltlich tragende Darstellungsmöglichkeiten zulässt, hier im Bild des Spiels dargestellt, dem Spiel des Lebens. Gleichzeitig zeigt sich damit der Nutzen in der Übungsphase: Schüler/innen stellen über bloßes Wiederholen hinaus in Lernlandkarten (z. B. über die Wahl eines bestimmten metaphorischen Quell-Bereichs) für sich neue Zusammenhänge her in Bezug auf Inhalte (und ggf. Kompetenzen), die in der Unterrichtsreihe thematisiert wurden.

In der folgenden Lernlandkarte zu Kreisen und Zylindern wird eine Darstellungsweise gewählt, in der die Inhalte vor allem im Zentrum in einem direkten Zusammenhang zur Form stehen: Straßen, Kreuzungen und Plätze dienen dazu, Kanten und Knoten darzustellen, eine (breitere) »Hauptstraße« verbindet die beiden zentralen Plätze, die mit »Zylinder« und »Kreis« bezeichnet sind (Abb. 23).

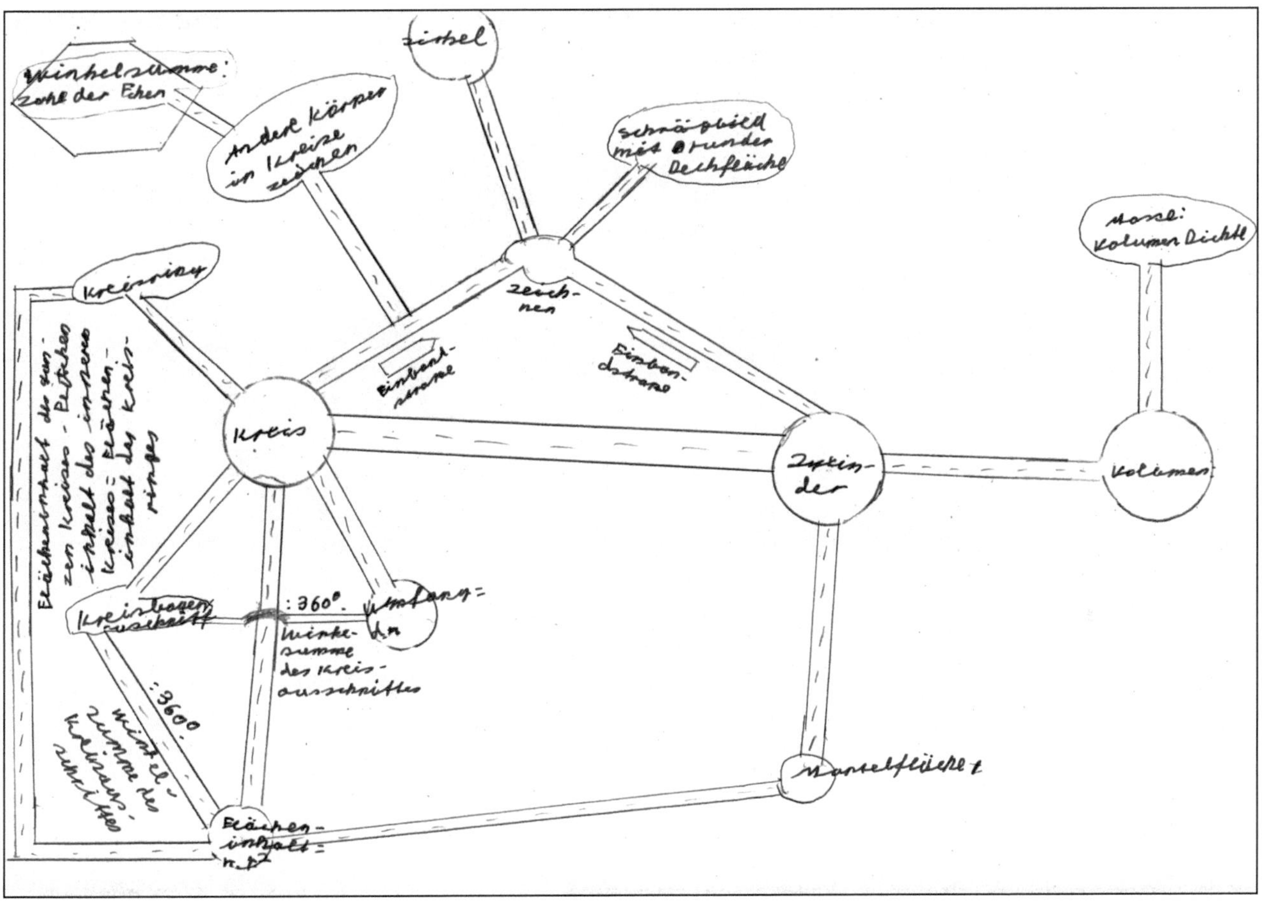

Abb. 23: Lernlandkarte »Kreisberechnungen und Berechnungen am Zylinder« (Philipp Schönenbroicher, 9. Klasse)

Im ersten diagrammatischen Schritt werden zwei Formeln in Form eines Merksatzes notiert. Ebenfalls werden – kennzeichnend für eine Übungsphase – rekonstruktiv Begriffe und Regeln in Beziehung zueinander gestellt. In Bezug auf den zweiten und dritten Schritt wird deutlich, dass der Schüler Kreise und Zylinder in Beziehung setzt als jeweils etwas, das gezeichnet wird. Die beiden Symbole für eine Einbahnstraße, die der Schüler verwendet hat, lassen sich so deuten, dass sie allein durch die Zeichnung noch nicht berechenbar sind. Ein Blick in die Kompetenzmatrix zeigt, dass sich der Schüler damit auf der zweiten von drei Kompetenzstufen bewegt. Auch diese Lernlandkarte zeigt, dass der Schüler für sich neue Zusammenhänge hergestellt hat in Bezug auf Inhalte und Kompetenzen, die bisher Gegenstand in der Unterrichtsreihe waren.

4.3 Mit Lernlandkarten üben in der Sekundarstufe II

Im Folgenden betrachten wir eine Lernlandkarte aus dem Biologieunterricht der gymnasialen Oberstufe (Abb. 24). In der Unterrichtsreihe wurde das Pflichtthema Genetik behandelt, das eines der sechs Inhaltsfelder des Faches darstellt (vgl. KLP Biologie 2014, S. 19 f.). Da das Thema Genetik in der Qualifikationsphase für das Abitur behandelt wird, kommt ihm eine besondere Bedeutung zu. Lernlandkarten wurden hier in der letzten Phase der Unterrichtsreihe nach der Klausur eingesetzt, um den Schüler/innen noch einmal die Möglichkeit zu geben, alles Erlernte in einer Übersicht darzustellen (Kap. 1.4). Die Funktion der Lernlandkarten liegt zunächst darin, das relevante Fachvokabular zu festigen, da gerade in der Genetik mit zahlreichen Fachtermini gearbeitet wird, die den Schüler/innen immer wieder Schwierigkeiten bereiten (vgl. dazu auch unten den dritten diagrammatischen Schritt). Die Beherrschung der Fachsprache ist Voraussetzung dafür, dass »Phänomene in einer exakten Fachsprache« beschrieben werden können (KLP Biologie 2014, S. 12). Die Lernlandkarten sind in ihrer Funktion aber in die Zukunft gerichtet: Sie dienen nicht nur als Material und Kompass in einer laufenden Unterrichtsreihe, sondern vor allem zur Vorbereitung einer erst sehr viel später stattfindenden Prüfung. Er wurde mit folgender Einführung und Arbeitsanweisung gearbeitet:

In der heutigen Stunde will ich euch die Möglichkeit geben, die Inhalte und Kompetenzen unserer Unterrichtsreihe zu Genetik zu üben. Jeder von euch bekommt gleich Zeit, zu diesem Zweck eine Lernlandkarte zu erstellen.

Das Erstellen einer Lernlandkarte soll dir dann dabei helfen, dir bewusst zu machen, ...
- *was du bereits zu Genetik gelernt hast,*
- *welche für dich neuen Zusammenhänge du zwischen den Inhalten und Kompetenzen herstellen kannst,*
- *was du noch genauer verstehen willst oder noch besser können willst.*

Arbeitsanweisung
Nimm eine Seite in deinem Heft oder ein Blatt (DIN A4 oder A3) zur Hand.
1) *Veranschauliche, welche Inhalte du dir erschlossen hast, welche Fachbegriffe relevant sind und welche Kompetenzen du erworben hast.*
2) *Hebe graphisch hervor, wie die dir bekannten Inhalte, Fachbegriffe und Kompetenzen für dich zusammenhängen.*
3) *Hebe hervor und ergänze, was für dich noch unklar ist und was du noch intensiver üben möchtest.*

Du hast dafür 45 Minuten Zeit.
Arbeite während dieser Zeit für dich alleine und tausche dich mit niemandem aus. Schaue auch nichts in deinem Heft, dem Biologiebuch oder im Internet nach.

In der Lernlandkarte »Genetik« bilden Fachbegriffe aus den drei Basiskonzepten »System«, »Struktur und Funktion« und »Entwicklung« (vgl. KLP Biologie 2014, S. 39) die Knoten, die auch graphisch hervorgehoben werden durch Einrahmung in grün umrandete Wolken (etwa »Meiose«, »Mutation« etc.). Basiskonzepte dienen schon im Lehrplan dazu, Begriffe aufeinander zu beziehen und thematisch relevantes Wissen zu vernetzen (vgl. KLP Biologie 2014, S. 13). Dies zeigt, dass auch der Lehrplan eine diagrammatische Auseinandersetzung nahelegt, wenn fachlich relevante Inhalte bereits vernetzt präsentiert werden. Da die Auseinandersetzung mit den Inhalten des Themas Genetik im Unterricht dem Lehrplan und seiner fachlich-logischen Struktur folgte, wundert es nicht, dass sich dies auch in den Lernlandkarten der Schüler/innen widerspiegelt. Wenn auch die drei Basiskonzepte nicht

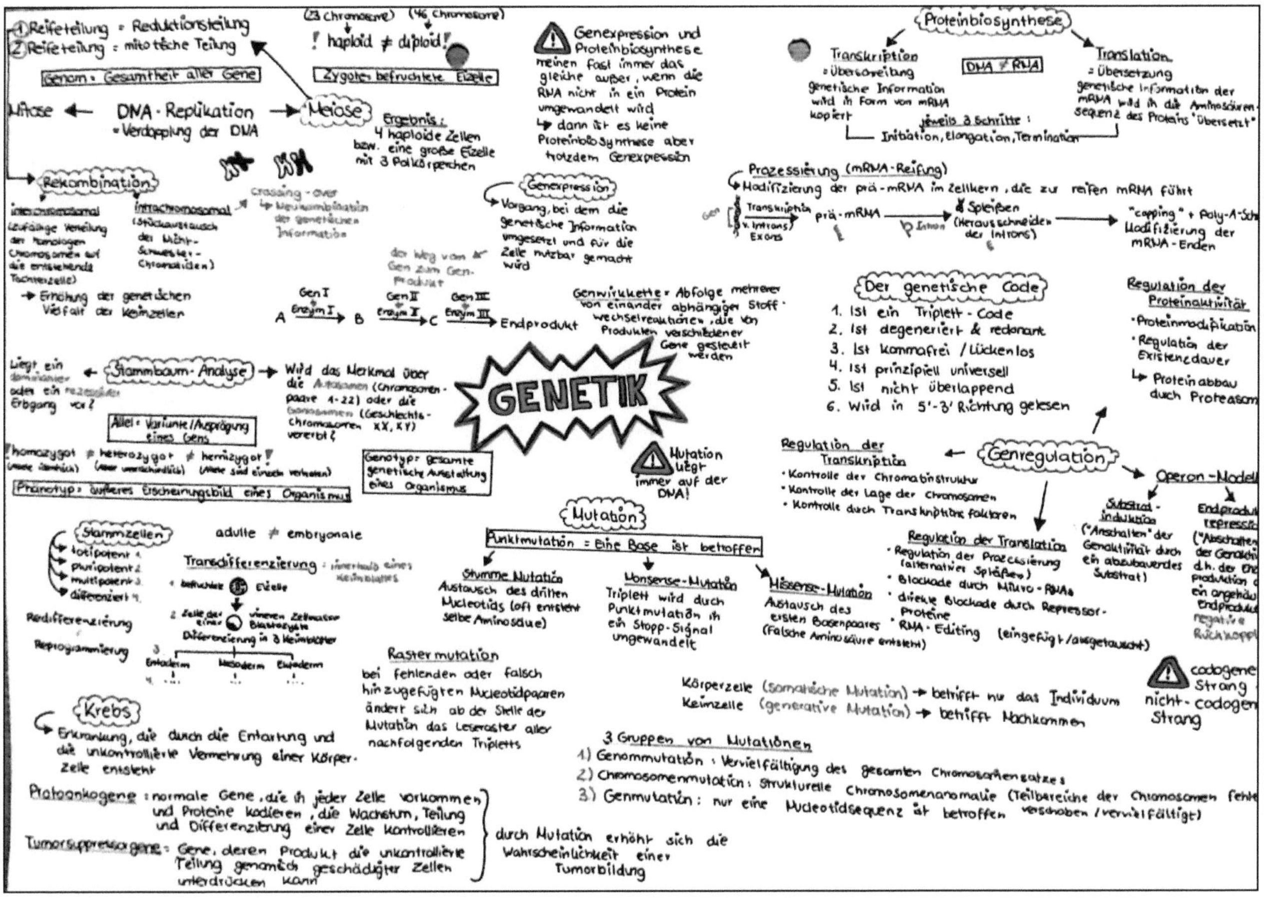

Abb. 24: Lernlandkarte »Genetik« (Maja Berg, Qualifikationsphase 2 in der Sekundarstufe II)

genannt werden, so befinden sich auf dem Papier die entsprechenden Fachbegriffe jeweils in räumlicher Nähe zueinander. Im ersten diagrammatischen Schritt werden diese Fachbegriffe notiert und mit Erläuterungen versehen. Die Darstellung innerhalb eines Begriffes zeigt allerdings, dass schon hier Zusammenhänge dargestellt werden – und dies auf sehr unterschiedliche Weise: in Form von Flussdiagrammen, unter Verwendung von ikonischen Elementen (Chromosom, Eizelle), in Form von halbformalisierten Abfolgen unter Verwendung von gerichteten Kanten, die als Pfeile notiert werden. Ebenfalls wird deutlich, dass zentrale Kompetenzen aus dem Kernlehrplan genutzt wurden, so etwa die Erläuterung der »Grundprinzipien der Rekombination (Reduktion und Neukombination der Chromosomen) bei Meiose und Befruchtung« (KLP Biologie 2014, S. 31). Lernlandkarten werden also *nicht* dazu genutzt, um Kompetenzen in Form abstrakter Gegenstände auf Papier aufzukleben, sondern vielmehr dazu, Kompetenzen im Denkprozess anzuwenden und in einem Zusammenhang mit inhaltlichen Aspekten darzustellen (Kap. 1.5).

Im zweiten diagrammatischen Schritt werden also die Zusammenhänge zwischen den Begriffen vornehmlich durch räumliche Nähe dargestellt, nur in einem Fall auch durch Pfeile. Der Fokus lag also nicht darauf, Zusammenhänge zwischen *verschiedenen* Begriffen und Konzepten herzustellen, sondern mit Bezug auf einzelne Begriffe (vgl. dazu die »Map of Chemistry« bei Wallimann 2017). Genau darin liegt auch die Leistung als Übung, insofern die Schülerin für sich (neue) Zusammenhänge zwischen Inhalten hergestellt hat. Ebenso zeigt sich – typisch für Übungsphasen (Renger 2017, S. 780) –, dass im Üben auch auf implizites Wissen zurückgegriffen wird, hier also auf relevante Kompetenzen.

Im dritten diagrammatischen Schritt werden unter Verwendung von Achtung-Symbolen Aspekte notiert, die die Schülerin besonders beachten will, da sie diese bisher noch nicht genau verstanden hat. Dies gilt z. B. für den Unterschied zwischen codogenem und nichtcodogenem Strang; diese Unterscheidung macht den Schüler/innen erfahrungsgemäß Schwierigkeiten und führt in Klausuren häufig zu Fehlern bei der Übersetzung des genetischen Codes in die Aminosäuresequenz.

4.4 Mit Lernlandkarten üben: fachübergreifend

Die Entwicklung von Kompetenzen geschieht in der Schule über die Fächergrenzen (vgl. Erpenbeck/Sauter 2016, S. 21); sie macht besonders deutlich, dass sich Grenzen von Unterrichtsfächern aus damit verbundenen wissenschaftlichen (Wissens-)Gebieten ergeben. Es gibt verschiedene Möglichkeiten, in der Schule fachübergreifend oder sogar fächerverbindend Unterricht zu gestalten und damit das Lernen von Schüler/innen zu vernetzen – auch wenn empirisch noch nicht geklärt ist, wie im Einzelnen Verläufe von Kompetenzentwicklungen vonstattengehen (Aufschnaiter/Rogge 2010, S. 98 und Götz 2017, S. 175).

Wir wollen im Folgenden zeigen, wie Lernlandkarten im Rahmen von Übungsphasen dazu genutzt werden können, Unterricht fachübergreifend zu gestalten: sowohl in Bezug auf mögliche Kompetenzentwicklungen als auch in Bezug auf inhaltliche Verbindungen.

Im Deutschunterricht einer 10. Klasse haben sich die Schüler/innen in einer Unterrichtsreihe zum Thema Gewalt, in der die Analyse und Entwicklung von Argumentationen im Vordergrund stand, unter anderem mit dem Thema Mobbing befasst. Eine der Kompetenzerwartungen zielte auf die Recherche von Informationen unter der Berücksichtigung von fachübergreifenden Aspekten ab. In einer Übungsphase sollte der Stand der inhaltlichen Auseinandersetzung in Form von Lernlandkarten dargestellt werden. Die Lernlandkarte des Teams, das sich mit Mobbing beschäftigt hat, ist in Abbildung 25 zu sehen.

Im ersten diagrammatischen Schritt werden zum einen Erläuterungen des Begriffs in Listenform festgehalten, unterschieden in verbale und körperliche Übergriffe, zum anderen werden mögliche Konsequenzen für Mobbingopfer notiert. Um im zweiten diagrammatischen Schritt deutlich zu machen, dass es sich um zeitlich-kausale Abläufe handelt – Mobbing in Form von … führt zu … –, wird das Bild einer Flusslandschaft gewählt: Aus einem See fließt das Wasser in weitere Seen, die gleichsam die Knoten darstellen, während der Flusslauf die Kanten bildet. Die einzelnen Knoten werden, eingerahmt in eine Landschaft, visualisiert durch passende Szenen, die gezeichnet wurden. Dies zeigt besonders anschaulich, wie in dieser Übungsphase über reines Wiederholen (z. B. in Form von Listen) hinausgegangen wird: entscheidend ist nämlich die Suche nach möglichen Ursachen für Mobbing und damit das Herstellen von Zusammenhängen, die neu für die Schüler/innen sind.

Im dritten diagrammatischen Schritt wurde das Bild eines Berges gewählt – »Mount Mobbing« – auf dem die Frage notiert wurde, was die Schülerinnen gerne noch mithilfe weiteren Materials genauer verstehen wollen: »Warum ich?«, d. h. mögliche Gründe herauszufinden, die dazu führen, dass jemand gemobbt wird.

Zunächst zeigt sich also, dass die Schüler/innen die Lernlandkarte nicht nur genutzt haben, um ihr Wissen über Mobbing darzustellen. Sie haben auch versucht, mögliche Argumentations-»Läufe« in die Form einer Lernlandkarte zu bringen. Solche Wirkungszusammenhänge herzustellen ist nicht nur im Fach Deutsch gefordert, sondern auch in anderen Fächern. Zu denken ist hier bspw. an die Flusslandschaft aus dem Sozialwissenschaftsunterricht (Abb. 29, Kap. 5.3), in der sich ebenso Argumentations-»Läufe« finden lassen. Aber auch inhaltlich zeigen sich fachübergreifende Zusammenhänge, etwa – in Nordrhein-Westfalen – zum Fach Praktische Philosophie, in dem in der »Frage nach dem guten Handeln – Entscheidung und Gewissen« thematisch werden kann, wie sich eigene Entscheidungen im Handeln gegenüber anderen Menschen mit den eigenen moralischen Überzeugungen in Einklang bringen lassen.

Sowohl die Art der Darstellung im ersten diagrammatischen Schritt als auch die Struktur von Lernlandkarten, wie sie vor allem im zweiten diagrammatischen Schritt realisiert wird, zeigen: Lernlandkarten legen durch ihre Form nahe, fachübergreifend zu denken, wenn dies thematisch und durch entsprechende Arbeitsanweisungen und Hinweise angeregt wird. Ideal ist dabei eine stärkere Selbstregulation des Lernens (Götz 2017, S. 175). Sowohl eigene Kompetenzen als auch Inhalte können anschaulich in ihren Zusammenhängen zwischen Fächern erkundet werden. Spätestens im dritten diagrammatischen Schritt kann dies expli-

Abb. 25: Lernlandkarte »Gewalt und Mobbing« (Ayleen Brehm, Johanna Laukens, 10. Klasse)

zit in Fragen und Schlüsse münden, wie im o.g. Beispiel: Gründe für Mobbing lassen sich aus unterschiedlichen Perspektiven in unterschiedlichen Fächern untersuchen. In Bezug auf Kompetenzen und ihre Entwicklung ist entscheidend, Kompetenzen nicht als allgemeine, kontext*entbundene* anzunehmen (z.B. Entwicklung einer allgemeinen Argumentationskompetenz), sondern vielmehr als gebunden an die eigene Erfahrung in bestimmten fachlichen Kontexten (z.B. Argumentieren im Deutschunterricht, im Philosophieunterricht): Im Erstellen von Lernlandkarten können dann kontext*übergreifende* Zusammenhänge *anschaulich* werden: Argumentationen können auf ihre schematische Schlüssigkeit (wie im Deutschunterricht) bzw. auf ihre ehtische Schlüssigkeit (wie im Philosophieunterricht) geprüft werden (Kap. 1.4).

Im Politikunterricht der Klasse 8 geht es in der Unterrichtsreihe »Wir Jugendlichen und das Recht« (vgl. KLP Politik/Wirtschaft 2007, S. 31) um die Bedeutung von Rechten, Pflichten und Gesetzen im Alltag. In dieser Phase stand als eine Kompetenzerwartung im Vordergrund, das Planen des methodischen Vorgehens zu einem Arbeitsvorhaben zu üben, indem man den eigenen Standpunkt und die eigenen Fragen bestimmt, um in einer Debatte für die eigenen Ideen argumentativ zu werben. Zunächst wirkt die in Abbildung 26 dargestellte Lernlandkarte wie eine Mindmap, bei genauerem Hinsehen erkennt man jedoch, dass sie in den Unterpunkten Fragen enthält und dass auch Querverbindungen zwischen den Einzelpunkten existieren. Zwar sind ausgehend vom Hauptthema die drei zentralen Knoten »Rechte«, »Pflichten« und »Gesetze« ein zentrales Element der Lernlandkarte, dann aber folgen sowohl Fragen als auch Antworten als neue Knoten, die nicht immer weiter ausfor-

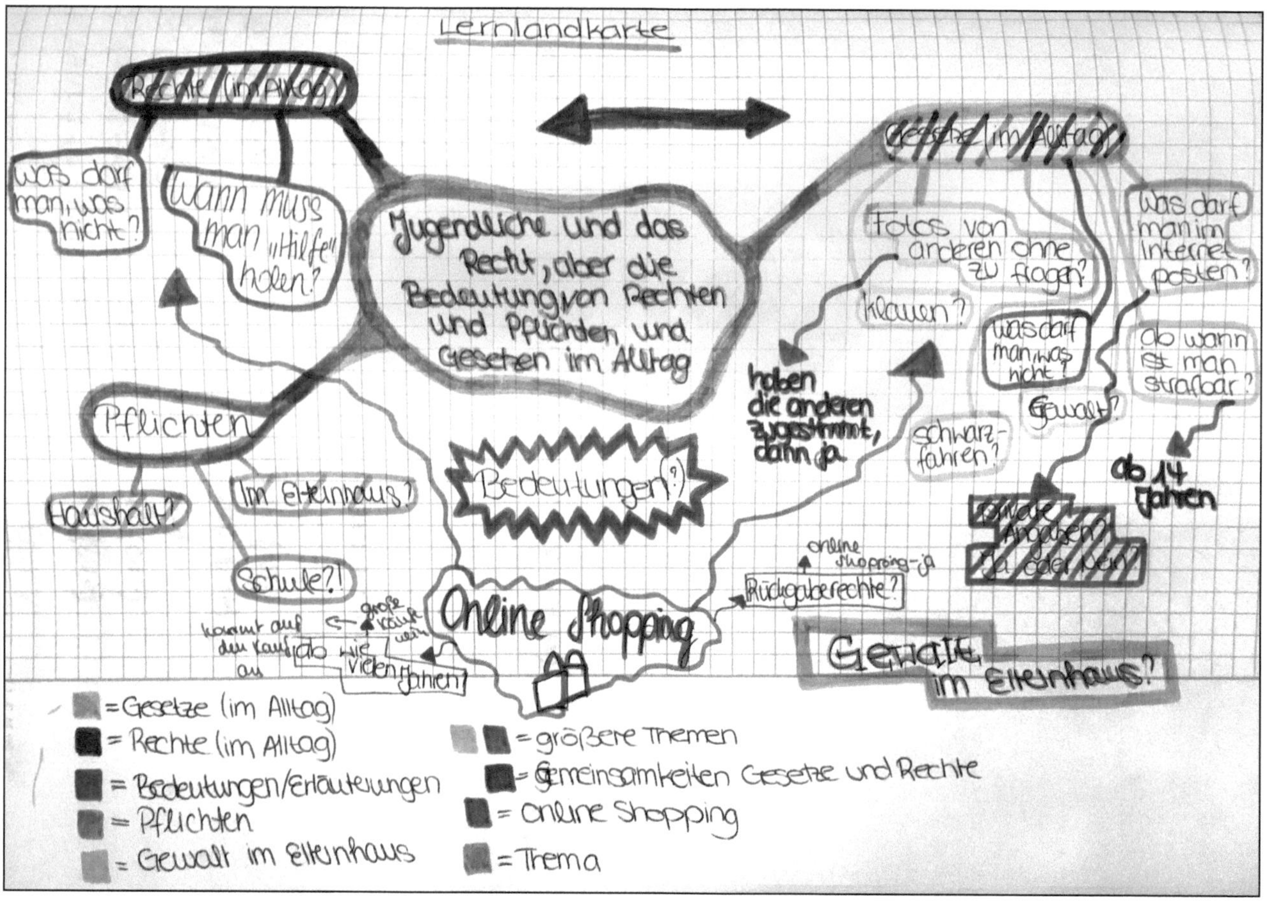

Abb. 26: Lernlandkarte »Jugendliche und das Recht« (June, 8. Klasse)

muliert, sondern manchmal neu verknüpft werden und manchmal ins Leere laufen. Charakteristisch und maßgeblich für diese Lernlandkarte ist ihre dazugehörige Legende, die zwei Ebenen widerspiegelt und verdeutlicht, dass die Strukturierung zur Vorbereitung der durchzuführenden Debatte wichtig war. Einerseits sind die aufgeführten Aspekte – ausgehend von den drei o.g. genannten zentralen Knoten – thematisch farblich sortiert, andererseits sind auch die Gewichtung der Themen und deren Bedeutung bzw. Gemeinsamkeiten farblich markiert. In der Übungssituation kann durch diese Lernlandkarte sehr gut festgestellt werden, welche Informationen die Schülerin noch zur Vorbereitung der Debatte benötigt und gleichzeitig kann daraus schon abgelesen werden, was ihr Themenschwerpunkt in der Argumentation sein wird und welcher Linie diese folgen wird. An dieser Stelle wird dann besonders deutlich, wo der Mehrwert der Lernlandkarte für fachübergreifenden Unterricht liegt. Zum einen wird Argumentation in vielen Fächern als eine zentrale Methodenkompetenz geschult (s. o.), zum anderen werden viele Themenbereiche tangiert, die interdisziplinär relevant sind: Gewalt ist ein Thema im Deutschunterricht, aber auch in Praktischer Philosophie wird »der Mensch in der Gemeinschaft, der Umgang mit Konflikten und Regeln und Gesetzen« (vgl. KLP PP 2008, S. 29 f.) thematisiert. Hier liegt der Schatz der Lernlandkarte verborgen: Schüler/innen nehmen Fächer noch immer als singuläre Elemente wahr, die in einem bestimmten Zeitabstand zueinander unterrichtet werden. Durch die Arbeit mit Lernlandkarten haben Sie als Lehrkraft die Möglichkeit sehr gut zu verdeutlichen, dass die Dinge in der Welt und das Wissen über sie *nicht* in Unterrichtsfächer eingeteilt sind, sondern auf komplexe Weise miteinander verbunden sind, voneinander abhängen und in einem Zusammenhang stehen. Für alle Unterrichtsvorhaben, die fächerverbindend geplant werden wollen, unabhängig von der Anzahl der Fächer, wird hier sichtbar, dass es Verbindungen gibt und wie sie für die einzelnen Schüler/innen aussehen. Davon ausgehend kann dann sowohl eine fachliche Ausdifferenzierung bestimmter Inhalte erfolgen als auch deren Zusammenführung.

5

Mit Lernlandkarten Lernprozesse reflektieren

Sie möchten, dass Ihre Schüler/innen im Laufe bzw. am Ende einer Unterrichtsreihe das Landkartendenken dazu nutzen, ihre Lernprozesse zu reflektieren? Im Folgenden zeigen wir Ihnen zunächst fächerübergreifend alle notwendigen Schritte auf. In den sich anschließenden Kapiteln können Sie anhand ausgewählter Beispiele aus konkreten Fächern und Unterrichtsreihen nachvollziehen, wie sich dies umsetzen lässt.

Übersicht

Schritte für das Reflektieren von Lernprozessen mit Lernlandkarten

1) Geben Sie Ihren Schüler/innen eine einführende Beschreibung für das Erstellen einer Lernlandkarte.
2) Händigen Sie Ihren Schüler/innen eine Arbeitsanweisung zur Erstellung der Lernlandkarten aus.
3) Geben Sie Ihren Schüler/innen, je nach Vertrautheit mit dem Erstellen von Lernlandkarten, Tipps zu den drei Schritten.
4) Lassen Sie die Lernlandkarten erstellen.
5) Geben Sie die Möglichkeit zum Austausch über die Lernlandkarten.
6) Planen Sie von dort aus zusammen mit Ihren Schüler/innen die weiteren Lernprozesse.

5.1 Die einzelnen Schritte im Überblick

KV 8/9

Schüler/innen können Lernlandkarten verwenden, um ihre Lernprozesse sowohl während einer laufenden Unterrichtsreihe, d. h. *formativ* (Kap. 5.2.1 und KV 8), aber auch im direkten Anschluss und auf der Basis einer Leistungsrückmeldung, also *summativ* (Kap. 5.2.2 und KV 9) zu reflektieren. Wir orientieren uns dabei an der Bestimmung dieser Begriffe als »enabling achievement«, dem Ermöglichen von Erfolg, bzw. als »measuring attainment«, d. h. dem (summativen) Messen errungener Leistungen (Clarke 2005, S. 2 f.). Dies hat auch Konsequenzen für die Funktionen (und die entsprechenden Arbeitsanweisungen und Hinweise) der Lernlandkarte: Im ersten Fall steht eine Art Positionsbestimmung (*Wo hast du begonnen? Wo stehst du jetzt? Wie bist du dahin gekommen?*) im Vordergrund, im zweiten Fall geht es vor allem um die Auseinandersetzung mit eigenen und vorgegebenen Zielen, die im Rahmen des zurückliegenden Lernprozesses erreicht (bzw. noch nicht erreicht) wurden. Das folgende Kapitel wird sowohl Beispiele formativer als auch summativer Lernprozessreflexion auf der Basis von Lernlandkarten beschreiben.

Die Notwendigkeit der Reflexion von Lernprozessen lässt sich vor dem Hintergrund des schulischen Kompetenzerwerbs begründen: Kompetenzen als »die Fähigkeit, selbstorganisiert und kreativ Herausforderungen zu bewältigen« (Erpenbeck/Sauter 2016, S. 2) lassen sich nicht auf den Output von Wissen reduzieren. Vielmehr zeigen sich Kompetenzen aus der Perspektive des Lernenden gerade darin, »dass man weiß, was man tut, oder begründen kann, warum man es so macht und nicht anders« (Lersch/Schreder 2013, S. 19). Dies bedeutet nicht nur, dass Schüler/innen vor dem Hintergrund eines kompetenzorientierten Paradigmas immer wieder Situationen eröffnet werden müssen, um mit Themen und Inhalten konkret *handelnd* umzugehen, d. h. beständig die Chance zu erhalten, sich in »Performanzsituationen« zu beweisen (vgl. Lersch/Schreder 2013,. S. 40; Hackl 2014, S. 110). Es bedeutet auch, dass Schüler/innen Lernprozesse selbstständig durchlaufen können müssen, um Kompetenzen zu erwerben und auszubauen – denn Kompetenzerwerb ist perspektivisch immer *kumulativ* angelegt (vgl. Lersch/Schreder 2013, S. 32 ff.).

Teil selbstorganisierter Lernprozesse, die niemals vollständig bewusst oder rational gesteuert werden können (vgl. Kraus et al. 2017, S. 23), sind auch immer wieder notwendige Momente der Reflexion, um im eigenen Lernprozess zurückzuschauen und zu antizipieren, wie der Lernprozess fortgesetzt werden soll. Wenn wir die Begleitung von Lernprozessen mit Lernlandkarten als eine besondere Form *veranschaulichter* Selbstregulation des Lernens bezeichnen (Kap. 1), so spielen in Bezug auf die Reflexion von Lernprozessen vor allem die sogenannten metakognitiven Lernstrategien als Kategorie selbstregulierten Lernens eine maßgebliche Rolle (vgl. Wild 2006, S. 427 sowie Götz 2017, S. 152 ff.). Diese Strategien als dienende Faktoren selbstorganisierter Lernprozesse umfassen die bewusste Steuerung und Regulation des Lernverhaltens. Dazu gehören die Planung und Überprüfung von Lernprozessen. Hatties Metastudie hält ausdrücklich fest, dass die Verfügbarkeit metakognitiver Lernstrategien sich positiv auf Lernergebnisse auswirkt (Hattie 2014, S. 193). Neben deklarativem Wissen über die eigenen Fähigkeiten, über den mutmaßlichen Aufwand einer Aufgabe sowie über die Strategien zur Erreichung eigener Ziele beinhaltet die Metakognition auch die exekutive Überwachung kognitiver Prozesse (vgl. Kaiser/Kaiser 1999). Oder anders formuliert: Lernprozessreflexion meint das bewusste Nachdenken darüber, worüber und wie während laufender Lernprozesse nachgedacht wird.

Bedenken Sie in diesem Zusammenhang, dass die Reflexion von Lernprozessen auf sehr unterschiedlichen Ebenen erfolgen kann. Gerade deshalb sind die folgenden Vorlagen für die einführende Beschreibung, die Arbeitsanweisung sowie die Tipps nur als eine von vielen verschiedenen Möglichkeiten anzusehen. Sie können etwa auch so formuliert werden, dass sie sich viel abstrakter auf den Verlauf von Lernprozessen beziehen (in Abhängigkeit von den metakognitiven Kompetenzen Ihrer Schüler/innen).

Ob Sie nun Lernlandkarten formativ oder summativ einsetzen – Sie sollten in jedem Fall, in einem **ersten Schritt** in einer einführenden **Beschreibung** für Ihre Schüler/innen transparent machen, welchen **Zweck** Sie mit dem Ergänzen bzw. Erstellen von Lernlandkarten verfolgen:

Wegweiser – Vorlage für eine einführende Beschreibung

In der heutigen Stunde will ich euch die Möglichkeit geben, über die laufende/zurückliegende Unterrichtsreihe nachzudenken. Am ... sind wir in das Thema eingestiegen und ihr habt mit einer Lernlandkarte untersucht, was euch interessiert, was ihr darüber bereits wisst und was ihr herausfinden wollt. Nun sollt ihr den Blick einmal darauf richten, was ihr erreicht habt und wie gut euch das gelungen ist. Auch das könnt ihr mithilfe eurer/einer Lernlandkarte genauer untersuchen.

Das Erstellen einer Lernlandkarte soll dir dann dabei helfen, herauszufinden, ...	
formative Reflexion	*summative Reflexion*
• *von welchen Inhalten und Kompetenzen du denkst, dass sie in der laufenden Unterrichtsreihe besonders/weniger interessant bzw. besonders/weniger wichtig für dich sind,* • *welche Zusammenhänge du zwischen den Inhalten und Kompetenzen bisher entdeckt hast, die für dich bedeutsam sind,* • *was du in Bezug auf das Thema der laufenden Unterrichtsreihe bisher gelernt hast.*	• *von welchen Zielen du rückblickend denkst, dass du sie in der vergangenen Unterrichtsreihe erreicht hast oder (noch) nicht erreicht hast,* • *welche Zusammenhänge für dich zwischen den Zielen bestehen, die du erreicht hast oder (noch) nicht erreicht hast,* • *was du in Bezug auf das, was du gelernt hast, zukünftig genau so oder anders machen willst.*

Die fertige Lernlandkarte soll dir dann dabei helfen, einen Überblick über das zu gewinnen, was du geschafft hast.

Die Beschreibung dient dazu, dass die Schüler/innen darüber **informiert** werden, dass die Lernlandkarten als Selbstbefragungsinstrument (vgl. Meyer/Jansen 2016, S. 121) dazu dienen, herauszufinden, was sie bisher gelernt haben, welche Zusammenhänge sie dabei entdeckt haben und welche Schlüsse sie gezogen haben.

Nun benötigen Sie in einem **zweiten Schritt** ebenfalls eine passende **Arbeitsanweisung.** Mit deren Hilfe können Sie und Ihre Schüler/innen möglichst umfangreiche Informationen (vgl. Jansen/Meyer 2016, S. 66) darüber erlangen, wie die Schüler/innen die laufende oder vergangene Unterrichtsreihe einschätzen:

Wegweiser – Vorlage für eine Arbeitsanweisung

Nimm eine Seite in deinem Heft oder ein Blatt (DIN A4 oder A3) zur Hand.

Du hast dafür ... Minuten Zeit.
Arbeite während dieser Zeit für dich alleine und tausche dich mit niemandem aus. Schaue auch in deine Unterlagen und auf bereits erstellte Lernlandkarten.

formative Reflexion	*summative Reflexion*
1) Veranschauliche, was deiner Ansicht nach in der laufenden Unterrichtsreihe in Bezug auf die Inhalte und Kompetenzen besonders/weniger interessant bzw. besonders/ weniger wichtig ist. *2) Hebe graphisch hervor, welche Zusammenhänge du zwischen den einzelnen Inhalten und Kompetenzen für dich bisher entdeckt hast.* *3) Hebe hervor und ergänze, was du bisher gut verstanden hast bzw. gut kannst.*	*1) Veranschauliche (auch mit Blick auf die Beurteilung durch deine/n Lehrer/in) welche Ziele zu den Inhalten und Kompetenzen du rückblickend erreicht hast bzw. noch nicht erreicht hast.* *2) Hebe graphisch hervor, welche Zusammenhänge für dich zwischen den erreichten oder noch nicht erreichten Zielen bestehen.* *3) Hebe hervor und ergänze, was du zukünftig genau so oder anders machen willst.*

Wichtig ist ein Hinweis darauf, dass jeder für sich alleine eine Lernlandkarte ergänzt oder erstellt. Der Rückblick auf einen Teil oder den gesamten Verlauf einer Unterrichtsreihe, die mehrere Wochen gedauert hat, ist kognitiv anspruchsvoll; um sie in Gedanken durchlaufen zu können, ist es sinnvoll, den Blick in die eigenen Unterlagen, vor allem auf ggf. bereits erstellte Lernlandkarten zu ermöglichen. So kann zumindest die Gefahr verringert werden, dass in der Reflexion nur die letzten Unterrichtstage berücksichtigt werden.

Zusätzlich sollten Sie in einem **dritten Schritt** Hinweise geben, die störende Faktoren ausblenden, die unserer Erfahrung nach unbedingt zu beachten sind:

Wegweiser – Vorlage für Tipps zur Ergänzung oder Erstellung von Lernlandkarten zur Lernprozessreflexion

formative Reflexion	*summative Reflexion*
1) Wähle in deiner Darstellung Formen aus, die die einzelnen Dinge und Aspekte des Themas anschaulich machen. Kennzeichne ebenfalls anschaulich, was dich besonders bzw. weniger interessiert hat. *2) Mache dir bewusst und in deiner Lernlandkarte kenntlich, wie stark die Verbindungen zwischen den einzelnen Punkten sind (z. B. Breite einer Straße, eines Flusses o. Ä.) und* *von welcher Art die Verbindungen sind (z. B. Hindernisse und Gefahren auf dem Weg). Kennzeichne, ob die Verbindungen Ursachen, Mittel/Zweck oder eine zeitliche Abfolge darstellen sollen.* *3) Markiere graphisch oder ergänze ggf. anschaulich, was du gut verstanden hast bzw. gut kannst.*	*1) Wähle in deiner Darstellung Formen aus, die die einzelnen Ziele anschaulich machen. Unterscheide zwischen Zielen, die du erreichen wolltest und Zielen, die du erreichen solltest. Kennzeichne ebenfalls anschaulich, welche Ziele du erreicht oder noch nicht erreicht hast.* *2) Mache dir bewusst und in deiner Lernlandkarte kenntlich, wie stark die Verbindungen zwischen den einzelnen Punkten sind (z. B. Breite einer Straße, eines Flusses o. Ä.) und* *von welcher Art die Verbindungen sind (z. B. Hindernisse und Gefahren auf dem Weg). Kennzeichne, ob die Verbindungen Ursachen, Mittel/Zweck oder eine zeitliche Abfolge darstellen sollen.* *3) Markiere graphisch oder ergänze ggf. anschaulich, was du zukünftig genau so oder anders machen willst.*

Diese Hinweise sind unserer Erfahrung nach entscheidend, um möglichst umfassende und aussagekräftige Informationen zu erhalten. Ansonsten besteht die Gefahr, dass Schüler/innen nur den ersten Schritt im Ergänzen oder Erstellen der Lernlandkarte gehen, die für das Reflektieren von Lernprozessen wichtigen Schritte des Erkundens von Zusammenhängen und das Schließen auf das, was gelernt bzw. erreicht wurde, aber ausbleiben. Zu diesem Zweck können Sie die oben genannten Hinweise ggf. auch noch genauer ausführen.

Im **vierten Schritt** werden die Lernlandkarten ergänzt oder erstellt. Sie müssen als Lehrkraft in dieser Phase kontrollieren, dass die festgelegten Bedingungen eingehalten werden: Die Schüler/innen sprechen nicht miteinander.

Wenn die Lernlandkarten ergänzt oder erstellt sind, ist in einem **fünften Schritt** ein mündlicher Austausch möglich, insofern Ihre Schüler/innen die Möglichkeit erhalten sollen, sich gegenseitig zu ihren Reflexionsergebnissen zu informieren und zu befragen. Eine explizite Formulierung des eigenen Darstellungs-, Erkundungs- und Schlussprozesses ermöglicht es, sich selbst zu vergewissern, was wie gewusst und gekonnt wird, welche Zusammenhänge erkundet wurden und welche Fragen und Ideen entstanden sind.

Tipp – Reflexionshilfen zur Beurteilung von Lernlandkarten

Die Phase des gemeinsamen mündlichen Austauschs kann auch in Bezug auf die Reflexion von Lernprozessen stärker strukturiert werden durch Leitfragen zur Art der erstellten Lernlandkarten:

Wenn du daran zurückdenkst, wie du deine Lernlandkarte erstellst hast, warst du dann dabei
... vor allem konzentriert auf das Zeichnen und Aufschreiben der *Einzelpunkte?*
... vor allem konzentriert auf die *(Art der) Verbindung der Einzelpunkte?*
... vor allem konzentriert auf die *Fragen und Ideen*, die sich für dich ergeben bzw. die du hast?

Wir wollen uns im Folgenden anhand von Beispielen ansehen, wie die Reflexion durch das Landkartendenken im Unterricht konkret stattfinden kann.

Lernprozesse reflektieren in der Sekundarstufe I 5.2

Formative Lernprozessreflexion mithilfe bestehender Lernlandkarten

Betrachten wir noch einmal die diagrammatischen Schritte zu *Beginn einer Unterrichtsreihe bzw. des Planens von Lernprozessen*, so geht es dabei auch immer darum, selbst zu *antizipieren*, wie sich die eigenen Kompetenzen weiterentwickeln könnten: Was möchte ich in der kommenden Unterrichtsreihe gerne lernen und womit möchte ich mich beschäftigen? Die Planung von Lernprozessen (Kap. 2) zeigt, dass indirekt aber auch bereits erworbene eigene Kompetenzen – als handelnder Umgang mit Wissen (vgl. Ziener 2010; Kraus et al. 2017) – eingebracht werden müssen, wenn schon im ersten diagrammatischen Schritt danach gefragt wird, welche Inhalte und Kompetenzen vor dem Beginn der Unterrichtsreihe mit dem kommenden Thema verbunden werden. Antworten auf diese Frage zeigen, über welche Kompetenzen und welches Wissen Ihre Schüler/innen verfügen. Die fachlich-inhaltliche Progression des Unterrichts bringt es dabei mit sich, dass die zu bewältigende Aufgabe gestiegene Qualitätsansprüche bspw. in Form von Umfang, Differenziertheit oder sprachlichem Niveau an die Schüler/innen stellt. Die Lernlandkarte unterstützt Lernende hier, genauer zu erkunden und zu antizipieren,

- welche in der folgenden Erarbeitungsphase notwendigen Schritte auf der Basis welcher Kompetenzen zu gehen sind und
- wo offene Fragen in Bezug auf Wissen und Können bestehen, also Kompetenzen erweitert werden müssen.

Im Moment der Erstellung der Lernlandkarte braucht dies noch kein reflektiertes Tun zu sein: Sich ein »Bild zu machen«, setzt zunächst einmal nur Offenheit und Neugier aufseiten des Lernenden voraus. Aber schon bei der Erarbeitung (Kap. 3) und beim Üben bzw. der Kontrolle von Inhalten (Kap. 4) kann die Lernlandkarte zum Reflexionsinstrument werden: So blickte eine Schülerin der 7. Klasse immer wieder abwechselnd auf ihren fertigen Entwurf für die Projektarbeit und ihre Lernlandkarte. Auf Nachfrage hin gab sie an: »Ich schau' nach, ob ich genug drin habe.« Mit anderen Worten: Sie reflektierte, ob das angestrebte Lernprodukt das wiedergab, was sie in der Lernlandkarte festgehalten hatte. Hier muss noch einmal betont werden, dass diese begleitende selbstregulierende Funktion (vgl. Götz 2017, S. 146) nur dann möglich ist, wenn die Lernlandkarten auch jederzeit im Unterricht zugänglich sind: Sie dienen jeder Schülerin/jedem Schüler als Orientierung für den ganz eigenen Lernprozess, aber auch als Grundlage für den Austausch mit der Lehrkraft oder den Mitschüler/innen. So kann an unterschiedlichsten Stellen im Lernprozess, ausgehend von nicht vorhersehbaren individuellen Bedarfen mithilfe der Lernlandkarte ein Blick auf das Woher *und* das Wohin geworfen werden: Welche Schritte wollte ich gehen, befinde ich mich auf dem richtigen Weg?

Tipp

Es ist leider häufig zu beobachten, dass Schüler/innen trotz anfänglicher Begeisterung für ein bestimmtes Thema plötzlich das Interesse verlieren und buchstäblich mit leeren Händen dastehen, was bei näher rückendem Abschluss der Unterrichtsreihe in fehlenden oder hastig zusammengestellten, wenig aussagefähigen Lernprodukten resultiert.

Unterstützen Sie Ihre Schüler/innen darin, mithilfe ihrer Lernlandkarten an den Punkt zurückzukehren, an dem mögliche Interessengebiete ausgelotet wurden und von hier aus zu beginnen.

Somit lässt sich zunächst festhalten, dass *jede* individuelle Lernlandkarte als Reflexionsinstrument fungieren kann, auch wenn sie nicht zum Zweck der Lernprozessreflexion angefertigt wurde. Im erwähnten Fall der Schülerin dient sie – einer Kompetenzmatrix ähnlich – als Referenzrahmen, mit dessen Hilfe geklärt wird, ob der bisher betriebene Aufwand ausreicht.

Tipp

Lernlandkarten bieten eine gute Grundlage für die Beratung in Lernprozessen. Allerdings wird Beratung in der Schule häufig als *Intervention* verstanden, um als auffällig wahrgenommene Verhaltensweisen oder akute Probleme zu lösen. Dieser Vorstellung ist entgegenzuhalten, dass Beratung »von Anfang an zur ›normalen Pädagogik‹« gehört (Huschke-Rhein 1998, S. 120). Freiräume, die durch die eigene Steuerung von Lernprozessen entstehen, bergen eine große Chance dafür, dass Sie Ihre Schüler/innen individuell unterstützen können. Eine solche Unterstützung ist dann besonders erfolgreich, wenn sie in einem schulischen Lernberatungskonzept verankert ist (vgl. Jansen/Meyer 2016). Teil davon ist auch die Einübung und stetige Weiterentwicklung einer strukturierten, an gemeinsamen Qualitätskriterien und Indikatoren erkennbaren Praxis (vgl. Whitmore 2009; Hardeland 2017). Auf diese Weise erhält nicht nur die Schülerin/der Schüler wertvolles Feedback, auch die beratende Lehrkraft gewinnt wichtige Informationen darüber, ob das Unterrichtsarrangement genügend Möglichkeiten zum Schülerhandeln bietet und ob genügend Unterstützungsangebote vorhanden sind. Dies folgt auch dem dialogischen Paradigma, dass Unterrichtsdiagnostik und -entwicklung Hand in Hand gehen (vgl. Jansen/Meyer 2016; Meyer/Jansen 2016).

Die im Folgenden thematisierte Unterrichtsreihe im Fach Englisch der 7. Klasse einer Realschule umfasst die Planung, Umsetzung und Präsentation einer Projektarbeit. Projektarbeiten bieten einen guten Rahmen für die Einübung selbstorganisierter Lernprozesse (Kap. 2.4;

Götz 2017, S. 175). Sie stellen eine bei Schüler/innen beliebte Alternative zur schriftlichen Klassenarbeit dar, da an *eigenen* Themen weitgehend *selbstständig* gearbeitet werden kann. Die Prüfungsordnungen (hier: APO SI des Landes Nordrhein-Westfalen) stellen sie als »begleitete Formen der Dokumentation selbstgesteuerten Lernens« gleichwertig neben die schriftlichen Leistungen im Rahmen einer einheitlichen Klassenarbeit (s. §6 APO SI VV 6.8.1 zu Abs. 8). Auch das schulinterne Curriculum folgt dieser Bestimmung, indem es Fachkolleg/innen die Wahlmöglichkeit gibt, in Absprache mit der Lerngruppe eine schriftliche Arbeit durch ein Projekt zu ersetzen. Der fachbezogene Erwartungshorizont am Ende der Jahrgangsstufe 7 umfasst u. a. folgende, das Projekt betreffende rezeptive Kompetenzen: (Sach-)Texten bzw. einer Website Informationen entnehmen, wesentliche Aussagen erfassen sowie verschiedene Lesetechniken anwenden. In produktiver Hinsicht sind Schreibkompetenzen wie die Vorstellung einer bekannten Persönlichkeit, die Beschreibung von Orten oder eine kurze Stellungnahme gefragt. Aufgabe ist die Anfertigung eines einseitigen Artikels für ein klasseneigenes Jugendmagazin zu einem zielgruppenrelevanten Thema. Die Thematik wurde bereits in der vorangegangenen Unterrichtsreihe behandelt und vorentlastet: die Schüler/innen lernten Magazinrubriken kennen, es wurden Planungs- und Strukturierungshilfen für die Erstellung kleinerer Artikel (z. B. über eine prominente Persönlichkeit) gegeben sowie hilfreiche Redewendungen zur Einleitung persönlicher Meinungsäußerungen eingeübt.

Idealerweise sollte der Reflexion laufender Lernprozesse – bzw. den damit einhergehenden Coaching-Phasen – transparente Prozessstrukturen an die Seite gestellt werden. Denn auch selbstständig arbeitende Schüler/innen brauchen einen Orientierungsrahmen darüber, welche Prozessschritte in welcher Reihenfolge und in welcher zeitlichen Abfolge durchlaufen werden sollten. Die folgende Tabelle zeigt ein Beispiel für einen solchen Orientierungsrahmen bzw. Arbeitsplan für eine Projektarbeit im Englischunterricht der 7. Klasse einer Realschule:

SCHOOL PROJECT – ENGLISH YEAR 7
WRITING AN ARTICLE FOR A TEEN MAGAZINE

Diese Tabelle soll dich darin unterstützen, deine Projektarbeit so erfolgreich wie möglich abzuschließen.
Sie enthält viele wichtige Handlungsschritte, unterteilt in die Projektabschnitte 1. Planen – 2. Umsetzen – 3. Überprüfen.
Betrachte die Handlungsschritte als »roten Faden« durch deine Projektarbeit.
Wenn es dir sinnvoll erscheint, kannst du innerhalb eines Abschnitts die Reihenfolge der Schritte verändern. Du solltest möglichst alle Handlungsschritte erledigen und abhaken.

Projektabschnitte	Was ist zu tun?	✓
3. Abschnitt: Überprüfen	*Ich werde pünktlich fertig und gebe meinen Artikel rechtzeitig in einer Klarsichthülle am .... ab.*	
	Ich achte auf ein sauberes und einheitliches Schriftbild bzw. Druckformat.	
	Ich achte auf eine ordentliche und aufwändige Gestaltung.	
	Ich achte auf ein ausgewogenes Verhältnis von Texten und Bildern.	
	Ich fertige die Endversion an.	
	Ich lasse meinen Text von anderen lesen (Mitschüler/innen, Lehrer/innen, Familie).	
	Ich überprüfe und korrigiere meinen Text mindestens einmal.	

Projektabschnitte	Was ist zu tun?	✓
↑ ↑	↑ ↑ ↑ ↑ ↑	↑
2. Abschnitt: Umsetzen	*Ich ordne meinen Sinnabschnitten passende Bilder zu.*	
	Ich formuliere passende Überschriften für meine Sinnabschnitte.	
	Ich schreibe einen ersten Entwurf und unterteile meinen Text in Sinnabschnitte.	
	Ich formuliere einen endgültigen Titel.	
	Ich erweitere ggf. meine Lernlandkarte oder stelle auf ihr neue Verbindungen her.	
	Ich schreibe eine Vokabelliste mit den für mein Thema wichtigsten Begriffen.	
	Ich achte darauf, die Informationstexte nicht abzuschreiben oder zu kopieren, sondern mich möglichst mit eigenen Worten auszudrücken.	
	Ich fasse Informationstexte mit eigenen Worten kurz zusammen.	
	Ich benutze ein Wörterbuch.	
	Ich lese, verstehe und markiere meine Informationstexte.	
↑ ↑	↑ ↑ ↑ ↑ ↑	↑
1. Abschnitt: Planen	*Ich formuliere einen (vorläufigen) Titel für meine Projektarbeit.*	
	Ich erweitere ggf. meine Lernlandkarte oder stelle auf ihr neue Verbindungen her.	
	Ich sammle Informationen zu meinem Thema.	
	Ich mache eine Schlagwortsuche im Internet.	
	Ich durchsuche Bücher bzw. Zeitschriften nach möglichen Themen.	
	Ich denke über ein mögliches Thema nach und erstelle dazu eine Lernlandkarte.	

Die Grobunterteilung in Planen, Umsetzen, Überprüfen erlaubt eine flexible Handhabung der Einzelschritte innerhalb der drei Projektabschnitte. Dabei kann die Lernlandkarte in jedem Projektabschnitt erweitert werden, um im Laufe des Prozesses neu gewonnene Erkenntnisse festzuhalten: Beispielsweise erweist sich ein zunächst vielversprechender Lernpfad als Sackgasse, weil keine zufriedenstellenden Informationen zur Verfügung stehen. Oder eine nur als Stichwort festgehaltene Idee erweist sich als »Goldader«. Des Weiteren bietet die Lernlandkarte eine visuelle Grundlage für die individuelle Reflexion: Vor allem in Bezug auf die jeweiligen Gelenkstellen zwischen zwei Projektphasen lohnt der Blick auf die Karte, um festzustellen, ob in Bezug auf die auf der Karte dargestellten *Einzelpunkte*, deren *Verbindungen* und die daraus erwachsenen *Fragen und Ideen* eine Phase zufriedenstellend abgeschlossen wurde und die nächste Phase begonnen werden kann. Auf eine zeitlich klar definierte Terminierung der Schritte wurde verzichtet, dafür bieten die »Checkboxen« in der rechten Spalte die Möglichkeit, Einzelschritte nach Fertigstellung bewusst abzuhaken. Der Zeitfaktor wurde gezielt in Einzelberatungen angesprochen. Es wurde eine grobe zeitliche Aufteilung der Abschnitte vorgegeben, die mündlich mitgeteilt wurde und zu Beginn einer Unterrichtsstunde regelmäßig wiederholt wurde. Auffällige Über- oder Unterschreitungen konnten so mit Blick auf die Lernlandkarte im Gespräch thematisiert werden.

Zu Beginn der Planungsphase erhielten die Schüler/innen folgende Arbeitsanweisung für die Erstellung der Lernlandkarte gemäß der Vorlage zu Beginn dieses Kapitels.

Take a few minutes and think about an interesting topic for a magazine article.
Then draw a map and follow these three steps:

Step 1: What belongs to this topic in your opinion?
Write down as many ideas as you can.
Step 2: How are these things related to each other?
Draw fat or thin lines to show the relations.
Step 3: What do you find most interesting – and what would you like to find out now?
Add some questions to your map.

Die zielsprachige Arbeitsanweisung wurde gewählt, da den Schüler/innen das Verfahren bereits bekannt war. Lernlandkarten brauchen Training – die sprachliche Vorentlastung der drei Schritte sollte in jedem Fall vorher geleistet werden. Zudem war es den Schüler/innen gestattet, ihre Karten auf Deutsch oder Englisch anzufertigen, um Sprachbarrieren zu verhindern.

Die folgende Lernlandkarte, die als Vorbereitung einer mehrwöchigen Projektarbeit diente, zeigt deutlich das Unterfangen, die voraussichtlichen Prozessschritte zu skizzieren:

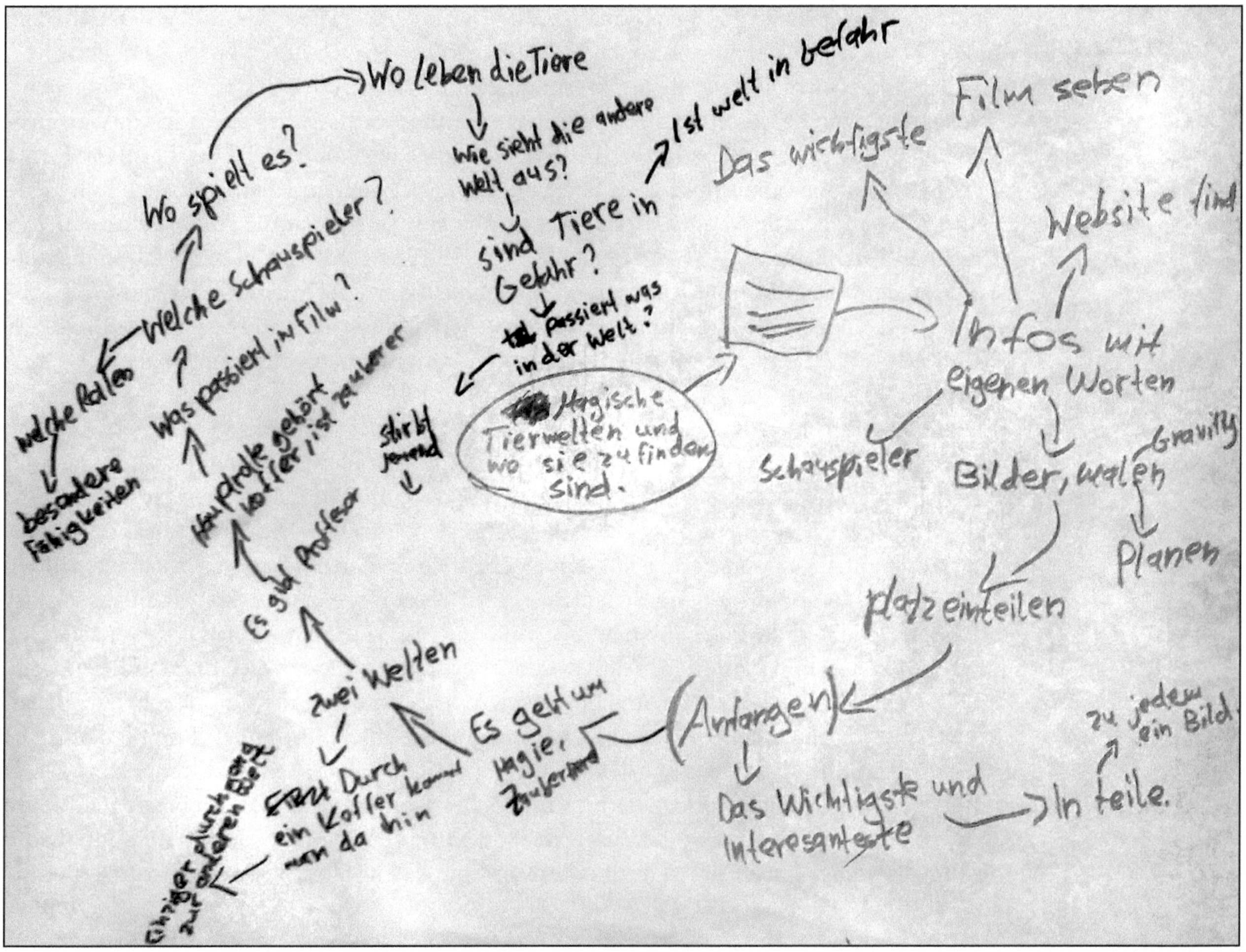

Abb. 27: Lernlandkarte »Magische Tierwelten« (Aran Bassireh, 7. Klasse)

Der Schüler nennt zunächst viele Einzelpunkte, die ihm in Bezug auf sein selbstgewähltes Thema (»Magische Tierwelten und wo sie zu finden sind«, inspiriert vom nahezu gleichlautenden Film) einfallen, dabei gilt bei ihm »Form vor Inhalt«: Er antizipiert zunächst, welche Arbeitsschritte er unternehmen muss: »Website finden«, »Bilder malen«, »Platz einteilen« etc. Mit anderen Worten: Er visualisiert die nötigen Teilkompetenzen. Erst nach dem Stichwort »Anfangen« richtet er seine Überlegungen auf das eigentliche Thema. Dabei fällt ihm nicht allzu viel ein und er beginnt, Fragen an sein Thema zu richten: »Was passiert im Film? Welche Schauspieler? Wo leben die Tiere?« etc. Deutlich wird, dass der zweite Schritt der Arbeitsanweisung hier nur unvollständig vollzogen wurde. Der Zusammenhang der Einzelpunkte wurde als Abfolge dargestellt, entsprechend der Reihenfolge, in der die Punkte vergegenwärtig wurden. Eine Gewichtung bzw. »Rückkopplung« möglicher Relationen blieb allerdings aus. Trotz des strukturierten Einstiegs wurde im Gespräch mit dem Schüler offenbar, dass in Bezug auf das eigentliche Thema des Projekts Unklarheit herrschte. Der zweite Schritt wurde noch einmal thematisiert: *Zwischen welchen Einzelpunkten besteht für dich ein Zusammenhang, auch wenn sie nicht direkt zusammenhängen*? Die Reflexionshilfen zur Beurteilung von Lernlandkarten (s. o. Kap. 5.1) bieten dabei eine gute Strukturierungshilfe zur gemeinsamen Spurensuche.

Daraufhin stellte der Schüler den Zusammenhang zwischen dem Einzelpunkt »Das Wichtigste und Interes[s]anteste« und der Frage »Wo leben die Tiere?« her – und damit war ein (zumindest vorläufiger) Schwerpunkt für die Weiterarbeit gesetzt. Im Folgenden konnte der Schüler schließlich die im Film vorkommenden Kreaturen zum Thema seiner Arbeit machen und sein Projekt fristgerecht und für ihn zufriedenstellend und erfolgreich abschließen. Hier zeigt sich noch einmal, dass stufenweise aufgebaute Lernlandkarten zur Planung von Lernprozessen ein Wohin eröffnen, während der reflektierende Blick auf dieselbe Karte das Woher betrachtet.

KV 10

Der Selbsteinschätzungsbogen (Kap. 6, KV 10) kann Lehrkräften hier als Leitfaden dienen, um Lernlandkarten anhand wesentlicher Qualitätskriterien zu betrachten und zu beurteilen, um im Rahmen formativer Reflexionsgespräche eine konstruktive Rückmeldung zu geben.

Neben der oben dargestellten »prozessinternen« oder formativen Reflexion von Lernprozessen bietet sich auch eine summative Reflexion an. Hier können Sie die Lernlandkarten auch als Rückmeldung zu Ihrem eigenen Unterricht verwenden. Grund dafür könnte Ihre Erfahrung sein, dass *Ihre* Reflexion einer abgeschlossenen Reihe in Form einer frontal vorgetragenen Auswertung (»Mir ist aufgefallen …«/»Beim nächsten Mal mehr darauf achten, dass …«) nicht die erhoffte Wirkung zeigt. Ein subjektiver Gesamteindruck einer Gruppenleistung verschmelzt die individuellen Leistungen zu einer »Gesamtgestalt« (vgl. Dörner 2001, S. 62) – die damit verbundenen, wertvollen individuellen Erfahrungen gehen weitgehend verloren.

Lernlandkarten können an dieser Stelle Ihren Schüler/innen eine zeichnerische Fläche bieten, ihren zurückliegenden Lernprozess anhand gezielter, aufeinander aufbauender Fragestellungen zu veranschaulichen und zu erkunden, um daraus Schlüsse zu ziehen, was sie beim nächsten Mal anders oder genauso machen wollen. Dieser Schluss hängt eng zusammen mit der Auseinandersetzung mit den eigenen Kompetenzen bzw. der zurückliegenden »Performanzsituation« (s. oben): Sich sicher dafür zu entscheiden, etwas zukünftig so oder anders zu tun, hängt davon ab, ob man begründen kann, *warum* man sich dazu entscheidet.

Ein weiterer Grund kann der kreative Aufforderungscharakter einer Lernlandkarte sein. Gerade am Ende von Unterrichtsreihen tun sich viele Schüler/innen darin schwer, auf zurückliegende Erfahrungen zurückzuschauen und diese noch einmal zu durchdenken: Die gute Note genügt als Bestätigung, alles richtig gemacht zu haben – eine schlechte Note nötigt häufig dazu, das »unsichere« Lernterrain möglichst schnell zu verlassen, anstatt sich damit noch einmal intensiv auseinanderzusetzen. Sowohl emotional als auch motivational sind solche Reaktionen für erfolgreiches Lernen und die eigene Zufriedenheit ungünstig (Götz 2017, S. 36).

Gemeinsame Reflexionsgespräche in der Lerngruppe zum Abschluss einer Reihe bringen mitunter wertvolle Ergebnisse zutage – allerdings sind diese Ergebnisse in der Regel vor allem für die Lehrkraft wertvoll. So können Äußerungen der Schüler/innen wie »Wir hätten mehr Textbeispiele gebraucht« dazu führen, dass die Lehrkraft in kommenden Reihen auch mehr Textbeispiele zur Verfügung stellt. Wir gehen davon aus, dass es im Unterricht regelmäßige Gelegenheiten für die Lernenden geben muss, individuelle Hinderniserfahrungen und Veränderungswünsche zu äußern – schon allein aus dem Grund, dass keine Lehrkraft *alle* individuellen Erfahrungen und Bedarfe ihrer Schüler/innen kennen kann. Aus dialogisch gewonnenen diagnostischen Anlässen heraus kann eine laufende Veränderung des Unterrichts erfolgen – Diagnostik erfolgt somit aus dem Unterricht heraus und führt immer wieder in diesen zurück (vgl. Meyer/Jansen 2016, S. 21 f.). Ein Veränderungskonsens auf Zeit als Basis für eine erfolgreiche Weiterentwicklung des Unterrichts (vgl. Meyer/Jansen 2016, S. 97 ff.) ist aber kein Garant dafür, dass jeder Schülerin/jedem Schüler das optimale Unterrichtsangebot gemacht wird. Neben diagnostischem Handeln, das den Unterricht als Arrangement für Lerngruppen in den Blick nimmt, bedarf es also ebenso einer Reflexionsmöglichkeit für die Lernenden, die sich mit Blick auf das eigene Repertoire von Lernstrategien fragen, worüber und wie während des Lernens nachgedacht wurde (Kap. 5.1).

Lernprozessreflexion und summative Leistungsbewertung

Der entscheidende Unterschied zur formativen Reflexion ergibt sich aus dem Vorliegen von Leistungsdaten in Form einer Leistungsbeurteilung und -bewertung durch die Lehrperson. Im hier vorgestellten Beispiel aus einer 8. Klasse einer Realschule waren die Kompetenzerwartungen bereits frühzeitig bekannt. Die Kompetenzmatrix wurde zudem als Fragebogen verwendet, damit die Schüler/innen ihre eigene Kompetenzentwicklung einschätzen konnten. Die folgende Tabelle zeigt, dass darin personale bzw. Handlungskompetenzen (Bereiche 1 und 2), sozial-kommunikative Kompetenzen (Bereich 3) und fachlich-methodische Kompetenzen (Bereiche 4 bis 10) erkennbar werden (zu den hier verwendeten vier Grundkompetenzen vgl. Heyse et al. 2010). Vor der Überprüfungsphase als letztem Projektabschnitt hatten die Schüler/innen die Aufgabe, ihr bisheriges Arbeitsergebnis anhand der in der folgenden Tabelle gezeigten Beurteilungsbereiche einzuschätzen.

English Year 8 – My USA topic – Zeitraum:					
Beurteilungs-bereiche	**Beschreibung**	**Einschätzung**			
	Ich kann ...	– –	–	+	++
1. Vollständigkeit/ Pünktlichkeit	... den Artikel in der vorgegebenen Zeit fertig stellen, um ihn pünktlich und vollständig am .... abzugeben.				
2. Material, Einsatz, Fortschritt	... meine Materialien zu allen Unterrichtsstunden mitbringen und an meinem Projekt weiterarbeiten.				
3. Verhalten in der Lerngruppe	... mich in allen Arbeitsphasen meinen Mitschüler/innen gegenüber rücksichtsvoll und kooperativ verhalten.				
4. Inhalt	... das Thema meines Projektes umfassend, informativ und gut verständlich vermitteln.				
5. Umfang	... mein Projekt im angemessenen Umfang umsetzen (bei Texten: ... Wörter; bei Präsentationen: ... Minuten)				
6. Aufbau/Layout	... mein Projekt klar und verständlich im Aufbau (etwa durch eine erkennbare inhaltliche Struktur, einen roten Faden, passende Überschriften und Zwischenüberschriften, ein ausgewogenes Verhältnis von Texten und Bildern) sowie ordentlich, ansprechend und aufwändig gestalten.				
7. Eigenständigkeit	... einen mit eigenen Worten verfassten Text anfertigen, ohne kopierte oder maschinell übersetzte Texte aus Büchern oder dem Internet zu verwenden.				
8. Rechtschreibung	... meinen Artikel (nahezu) frei von Rechtschreibfehlern verfassen.				

Beurteilungsbereiche	Beschreibung	Einschätzung			
	Ich kann ...	--	-	+	++
9. Grammatik	... meinen Artikel (nahezu) frei von schweren grammatischen Verstößen (z. B. in Bezug auf Satzbau, Verbformen, Präpositionen) verfassen.				
10. Wortschatz	... meinen Artikel auf der Basis eines angemessenen und abwechslungsreichen Wortschatzes verfassen.				

Erläuterung der Skalenwerte:
-- = trifft nicht zu
- = trifft größtenteils nicht zu
+ = trifft größtenteils zu
++ = trifft zu

Den Bereichen können als Bewertungsraster Punktintervalle zur Errechnung eines Gesamtpunktwerts bzw. einer Ziffernnote zugeordnet werden. Damit wird der Abgleich mit der Selbsteinschätzung möglich. Allerdings erzeugen auffallende Differenzen zwischen Selbsteinschätzung und Fremdbeurteilung nicht automatisch einen Veränderungswunsch. Im negativen Fall bleibt beim Beurteilten das Gefühl zurück, unfair bewertet worden zu sein oder in diesem oder jenem Bereich halt »schlecht« zu sein – was eher ein *statisches* Selbstbild festigt (oder »fixed mindset«, vgl. Dweck 2006), anstatt ein dynamisches Selbstbild zu fördern, in dem Kompetenzen weiterentwickelt werden können (Meyer/Jansen 2016, S. 47).

An dieser Stelle können Lernlandkarten gezielt eingesetzt werden, um eine Auseinandersetzung mit den erreichten (bzw. nur teilweise oder nicht erreichten) eigenen und vorgegebenen Zielen anzuregen. Diagrammatische Darstellungen, die neben Textelementen auch Bilder, Symbole, unterschiedliche Farben und Formen verwenden, können Verbindungen, Vergleiche und Unterschiede verdeutlichen (Kap. 1.4). Sie ermöglichen es hier, neben den reinen »Datendifferenzen« auch neue, bisher unentdeckte Bezüge zu zeigen.

Am Abgabetag erfolgte die Präsentation (in Form einer Lesung) und die gegenseitige Würdigung der Lernprodukte durch die Schüler/innen. Schon hier konnten sich die Schüler/innen ein wertvolles Feedback der Lerngruppe abholen und erhielten Rückmeldungen über besonders gelungene Aspekte ihres Artikels. Negative Kritik sollte möglichst unterbleiben, allerdings durften Wünsche an die Autor/innen geäußert werden (»Ich wünsche mir, dass du beim nächsten Mal ...«). Dann erfolgte die Beurteilung durch die Lehrkraft bis zur nächsten Stunde. Das Bewertungsraster mit der Gesamtnote wurde ausgehändigt. Im Anschluss konnte die Reflexion auf der Basis der folgenden Arbeitsanweisung erfolgen:

1) Veranschauliche (auch mit Blick auf die Beurteilung durch deine/n Lehrer/in), welche Ziele zu den Inhalten und Kompetenzen du rückblickend erreicht hast bzw. noch nicht erreicht hast.
2) Hebe graphisch hervor, welche Zusammenhänge für dich zwischen den erreichten oder noch nicht erreichten Zielen bestehen.
3) Hebe hervor und ergänze, was du zukünftig genau so oder anders machen willst.

Eine Schülerin erstellte daraufhin die folgende Lernlandkarte (Abb. 28). Um die kontrastiv formulierten Anweisungen darstellen zu können, hat sie sich konkreter graphischer Elemente bedient: Berge als metaphorischer Rahmen (Dancygier/Sweetser 2014, S. 21) für die Arbeit am Projekt, Wolken am Gipfel als erreichte und zukünftige Ziele sowie die nicht erreichten Ziele und bewährten Erfolgsbedingungen am Fuß der Berge. In dieses spontan

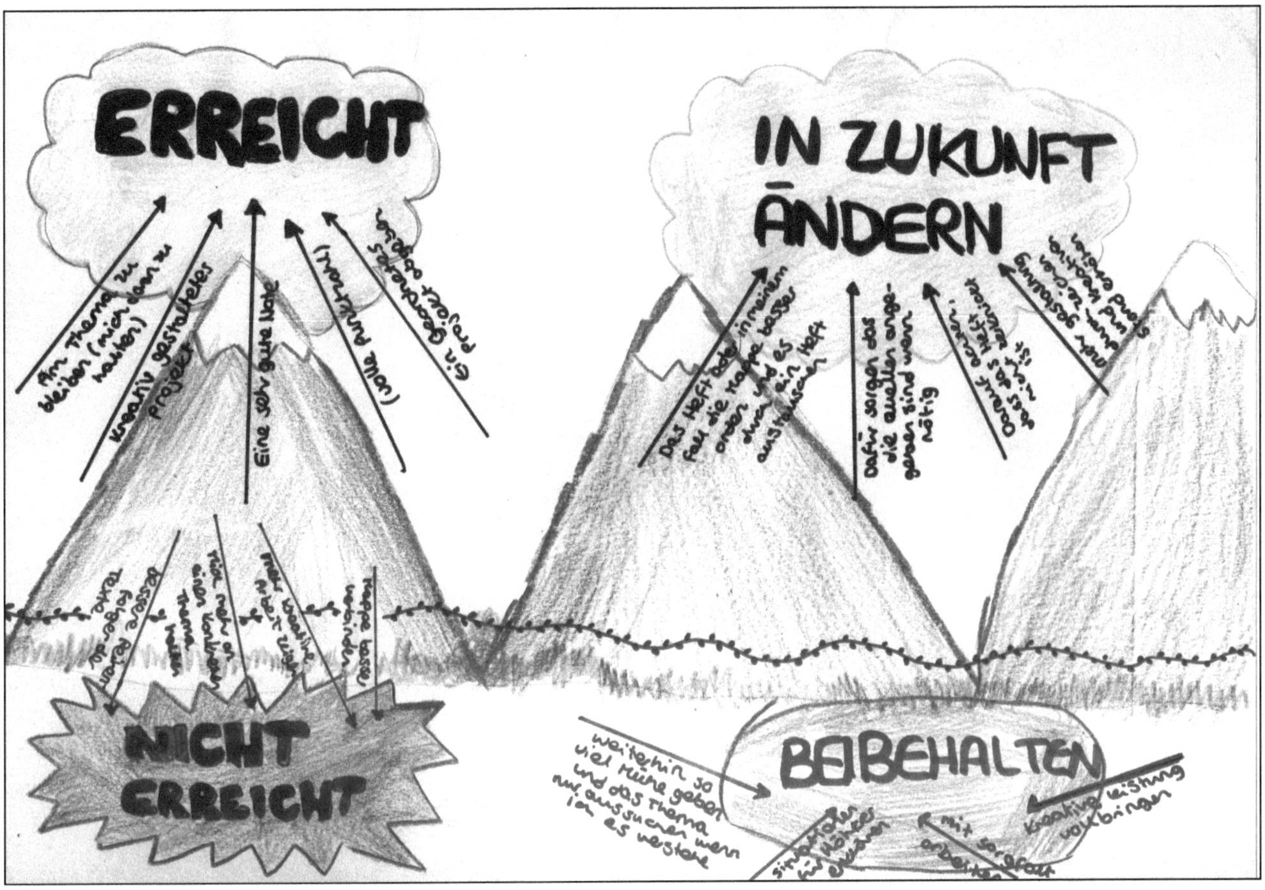

Abb. 28: Lernlandkarte »Reflexion« (Melina Hübner, 8. Klasse)

evozierte Bild hat sie die Einzelpunkte des ersten diagrammatischen Schrittes eingefügt. Der Zusammenhang ergibt sich gleichsam aus dem primär-metaphorisch bedeutsamen Kontrast von »hinauf – hinab«. Damit bringt sie Ziel- und Erfolgsfaktoren in der Metapher des Bergsteigens zusammen: Der mühevolle Aufstieg, der von Erfolgen (»kreativ gestaltetes Projekt«, »eine sehr gute Note«) gekrönt war; der Blick hinab zu den unerreichten persönlichen Zielen (»bessere Reihenfolge der Texte«), parallel dazu das »Basislager« mit bewährten Arbeitstechniken (»beibehalten«, z. B. »weiterhin so viel Mühe geben« und »mit Sorgfalt arbeiten«) und schließlich, als dritter diagrammatischer Schritt, der Schluss »hinauf« auf das zukünftige Handeln, wie etwa »die Quellen angeben« und »mehr Gestaltung durch Zeichen«.

Lernprozesse reflektieren in der Sekundarstufe II 5.3

Möchte man Lernlandkarten einsetzen, um nach Ablauf einer Unterrichtsreihe, die mit einer summativen Leistungsbewertung abgeschlossen worden ist, zu reflektieren, welche Inhalte und Kompetenzen die Schüler/innen tatsächlich meinen zu beherrschen und welche Fragen noch offengeblieben und/oder wahlweise auch entstanden sind, so stellen Lernlandkarten ein geeignetes Instrument dafür dar.

Hier möchten wir Ihnen anhand eines Beispiels aus dem Unterricht in Sozialwissenschaften aufzeigen, wie man Lernlandkarten zur Selbstbefragung nutzen kann, wenn eine Unterrichtsreihe beendet worden ist. Die Anlässe für eine solche Befragung und Reflexion können ganz unterschiedlich sein: Sie möchten Ihren Schüler/innen die Möglichkeit geben zu überprüfen, welche der in einer bereits bewerteten Klausur abgefragten Inhalte sie tatsächlich noch abrufen können? Oder Sie möchten sich nach Übernahme eines neuen Kurses ein Bild davon machen, welche Inhalte zuvor in einer Unterrichtsreihe – ob abgeschlossen oder nicht – bereits erarbeitet worden sind, um wahlweise abzusichern, dass alle relevanten Inhalte abgedeckt sind, oder um anschließen zu können an das, was gerade erarbeitet wird?

Die hier vorgestellte Lernlandkarte diente dem Zweck, sich nach Übernahme eines Kurses nach mehrfachem Lehrerwechsel innerhalb eines Jahres einen Überblick darüber zu verschaffen, wie gut der Inhalt einer Unterrichtsreihe im ersten Halbjahr der Qualifikationsphase 1 der Sekundarstufe II erarbeitet worden war und was ggf. die einzelnen Schüler/innen im zweiten Halbjahr individuell noch nachholen müssen. Die einführende Beschreibung zum Erstellen dieser Lernlandkarten lautete:

Das Erstellen einer Lernlandkarte soll dir dabei helfen, herauszufinden,
1) welche Ziele zu den Inhalten und Kompetenzen du rückblickend erreicht hast oder noch nicht erreicht hast,
2) welche Zusammenhänge für dich zwischen den erreichten oder noch nicht erreichten Zielen bestehen,
3) was du in Bezug auf das, was du gelernt hast, zukünftig genau so oder anders machen willst.

Nachdem den Schüler/innen deutlich gemacht worden ist, dass die Erstellung der Lernlandkarte ausschließlich dazu dient, Informationen darüber zu gewinnen, ob sie noch Unterstützung in bestimmten Bereichen brauchen, und dass es sich nicht um eine nachträgliche Bewertung einer bereits erbrachten Leistung handelt, erhielten sie folgende Arbeitsanweisung.

Nimm eine Seite in deinem Heft oder ein Blatt (DIN A4 oder A3) zur Hand.
Veranschauliche,
1) welche Ziele zu den Inhalten und Kompetenzen du rückblickend erreicht hast oder noch nicht erreicht hast (auch mit Blick auf die Beurteilung durch deinen Lehrer, Klausuren und sonstige Mitarbeit),
2) welche Zusammenhänge für dich zwischen den erreichten oder noch nicht erreichten Zielen bestehen,
3) was dich in Bezug auf das, was du gelernt hast, noch beschäftigt bzw. welche Fragen sich dir durch die Beschäftigung mit dem Unterrichtsthema noch stellen.

Folgende Hinweise erhielten die Schüler/innen zusätzlich:

Wähle eine Form, die dir naheliegt und die du schnell erstellen kannst: Es kann sich um eine abstrakte oder bildliche Darstellung handeln.
1) Wähle in deiner Darstellung Formen aus, die die einzelnen Ziele anschaulich machen. Kennzeichne anschaulich, welche Ziele du erreicht oder noch nicht erreicht hast.
2) Mache dir bewusst und in deiner Lernlandkarte kenntlich, wie stark die Verbindungen zwischen den einzelnen Punkten sind (z. B. Breite einer Straße, eines Flusses o. Ä.) und von welcher Art die Verbindungen sind (z. B. Hindernisse und Gefahren auf dem Weg). Kennzeichne, ob die Verbindungen Ursachen, Mittel/Zweck oder eine zeitliche Abfolge darstellen sollen.
3) Markiere graphisch oder ergänze ggf. anschaulich, was du zukünftig genau so oder anders machen willst.

Markiere graphisch oder ergänze ggf. anschaulich, wo und inwiefern du dein inhaltliches Wissen und deinen Kompetenzstand noch als lückenhaft bezeichnen würdest.

Entstanden ist u. a. die in Abbildung 29 dargestellte Lernlandkarte zum Thema »Wirtschaftspolitik und Konjunktur«:

Abb. 29: Lernlandkarte »Wirtschaftspolitik und Konjunktur« (Lynn Limbach, Qualifikationsphase 1 in der Sekundarstufe II)

Die Schülerin hat sich für eine kartographische Darstellung in Form einer Flusslandschaft entschieden, die aus einem Hauptfluss mit mehreren Nebenflüssen besteht. Die Flusslandschaft ist sowohl innerhalb der Flüsse als auch an den Ufern beschriftet und mit gezeichneten Elementen versehen. Es gibt Stellen an den Flussufern, die besonders begrünt und bewachsen sind, und auch Berge sind an einer Stelle zu finden. Farbige Umkreisungen sind in zwei unterschiedlichen Farben zu sehen und auch Ausrufezeichen tauchen an mehreren Stellen auf. Zudem findet man im unteren rechten Bildrand eine Legende vor, die die zwei farbigen Markierungen und das Ausrufezeichen erläutert.

Erst bei genauerem Hinsehen kann man feststellen, dass der Fluss und seine Nebenflüsse mit inhaltlichen Kategorien gefüllt sind (z. B. »Infrastruktur«, »Sicherheit«, »Geld«), die je nach Wichtigkeit durch ein farbiges Oval hervorgehoben sind oder nicht (z. B. »Umweltschutz«). Es wird, folgt man dem Strom in seine Nebenflüsse hinein, von Oberbegriffen (z. B. »Geld«), die Kategorien darstellen, hin zu konkreten Inhalten gedacht, die in jeweils kleineren Nebenflüssen ausformuliert werden (z. B. »Konjunkturschwankungen«, »Produktion«). An den Ufern der vielen Verästelungen sind zudem Stichworte, Fakten, Aussagen und Fragen aufgeführt, die dann jeweils der Farbgebung der Legende folgend gekennzeichnet sind.

Es fällt auf, dass die Uferflächen, die besonders begrünt oder mit Bergen versehen sind, sich in unmittelbarer Nähe zu Begriffen, Aspekten und Fragen befinden, die grün markiert sind. Die Legende verrät, dass die grüne Markierung dafür steht, dass die Schülerin diese Dinge bereits weiß. Insofern kann man aus dieser Darstellungsweise schließen, dass diese Themenbereiche besonders fruchtbar waren im Sinne der Memorierung von Inhalten.

Schnell kann eine Lehrkraft durch eine solche Verfahrensweise Einsicht gewinnen, ob basale Inhalte schon gefestigt sind. Dies scheint bei dieser Schülerin der Fall zu sein, wie die Lernlandkarte zeigt. Stichwortartig sind die wichtigsten Themen und Inhalte benannt und auch in grün für »ich weiß« markiert. Gleichzeitig erkennt man an den ausformulierten Fragen, die die Schülerin noch beschäftigen, dass sie sich mit der Thematik inhaltlich auseinandergesetzt haben muss. Die Formulierung der Fragen macht deutlich, dass weitergehende Fragen bestehen bzw. entstanden sind, die sich auf einem Niveau bewegen, das Transferleistungen erfordert und dem Anforderungsbereich III zuzuordnen ist. Dass diese Fragen fast alle in pink markiert sind (»beschäftigt mich«) muss nicht bedeuten, dass die Schülerin kein Wissen abrufen kann, um sich mit den Fragen auseinanderzusetzen und sich einer Antwort zu nähern; sondern vielmehr bedeutet es, dass sie weitergehende Interessen hat, welche die Grenzen der Unterrichtsreihe, wenn nicht gar des Faches Sozialwissenschaften, überschreiten.

Zur Selbstkontrolle, ob alle abiturrelevanten Inhalte notiert wurden, kann die Tabelle der obligatorischen Inhalte für das jeweilige Abiturjahr mit der Lernlandkarte abgeglichen werden. Davon ausgehend besteht dann weiterhin die Möglichkeit, die Lernlandkarte als Vorbereitung für das Abitur zu nutzen und die möglicherweise noch fehlenden zentralen Inhalte zu ergänzen, sodass man ein eigenes Überblicksdokument in den Händen hält, statt nur eine Tabelle (Kap. 3.2).

Aus der Praxis heraus können wir sagen: Es ist für die Schüler/innen selbst sehr spannend festzustellen, was tatsächlich nach einer Unterrichtsreihe noch in ihrem Gedächtnis geblieben ist. Aus pädagogischer Sicht trägt diese Verfahrensweise dazu bei – selbst wenn Lernlandkarten nach einer zentral organisierten Unterrichtsreihe erstellt werden –, dass Schüler/innen Zugang zu ihrem Lernen und Verhalten im Lernprozess erhalten und entschlüsseln können, welche Faktoren dazu beitragen, dass sie sich an bestimmte Inhalte erinnern, an andere aber nicht. In Gesprächen, die z. B. in Dreier-Teams stattfinden können, lässt sich sehr gut antizipieren, welche Faktoren für die Schüler/innen zu ihrem Lernerfolg beitragen. Außerdem führt diese Vorgehensweise zu einer Öffnung des Unterrichts: Schüler/innen beeinflussen und reflektieren so sukzessive als Lernende ihren eigenen Lernprozess. So kann ein Schritt in Richtung des selbstorganisierten Unterrichts gegangen werden. Wie Lernlandkarten in einem selbstorganisierten Unterricht eingesetzt und genutzt werden können, zeigen wir Ihnen im nächsten Abschnitt.

5.4 Lernlandkarten als Teil selbstorganisierter Lernprozesse

Wer Schüler/innen die Möglichkeit geben will, ihre eigenen Lernprozesse zu planen, umzusetzen und zu reflektieren, muss dies auch in der Organisation des Unterrichts konkret berücksichtigen. Landkartendenken fordert und fördert aktives und eigenständiges Lernen (vgl. Meyer/Oleśniewicz 2013, S. 17 ff.). Ein solches, eigenständiges Denken kann allerdings nicht vorausgesetzt, sondern muss strukturell verankert werden, um eine organisatorische Basis für Unterrichtssettings mit zunehmender Selbstregulation der Lernenden zu schaffen (vgl. Reich 2014, S. 216 ff.). Bereits in Kapitel 2.4 wurden einige Vorschläge bzgl. der Planung von Lernprozessen und des Einsatzes von Lernlandkarten gemacht. Nun wollen wir im Rahmen der Reflexion von Lernprozessen darauf zurückkommen und Ihnen weitere Hinweise geben, wie Sie Ihren Unterricht mit Lernlandkarten stärker selbstorganisiert gestalten können.

Zunächst wird selbstreguliertes Lernen vor allem durch die Implementation kompetenzorientierten Unterrichts begünstigt: Schüler/innen sollen sich nicht nur ihrer eigenen Kompetenzen bewusst werden, sondern müssen auch die mit der jeweiligen Unterrichtsreihe verbundenen Kompetenzerwartungen kennen, die ihnen im besten Fall den Weg der eigenen Kompetenzentwicklung aufzeigen.

Die Kompetenzmatrix, die alle in der Beurteilung der Leistung zum Tragen kommenden Kompetenzbereiche für die Schüler/innen klar und verständlich ausweist, dient als Referenzrahmen dafür, was genau und, mit Bezug auf vorangegangene Unterrichtsreihen und Schuljahre, was *mehr* erwartet wird. Im Rahmen des oben beschriebenen Projekts im Englischunterricht der Klasse 7 (Kap. 5.2.1) sind es vor allem die Qualitätsansprüche an selbstgesteuertes Planen, Umsetzen und Abschließen, an die damit verbundene Volition (den »Durchhaltewillen«) und an den kritischen Umgang mit Informationsquellen, die gestiegen sind. Perspektivisch bzw. kumulativ ist darin die Kompetenz korrekten wissenschaftlichen Arbeitens angelegt, die sich u. a. in eigenständiger Gedankenarbeit, systematischem Vorgehen, formaler und inhaltlicher Klarheit sowie »Quellenredlichkeit« zeigt (vgl. Bohl 2008). Erkennbar wird somit auch ein »downsizing« schulischer Bildungsziele auf alters- und jahrgangsbezogene Teilkompetenzen (vgl. Lersch 2010, S. 21).

Wir erinnern uns an die Schülerin, die ihren fertigen Entwurf mit ihrer Lernlandkarte abglich, um festzustellen, ob »sie alles drin« habe (S. 80), wobei dieser Abgleich einherging mit ihrer Einschätzung der Bereiche 4 und 5, (»Inhalt« und »Umfang«). Der Blick ist somit ein doppelter: Genüge ich meinen Ansprüchen *und* den Ansprüchen der Aufgabe? Es zeigt sich, dass die Anforderungen im Rahmen von Kompetenzstandards und selbst gesetzte Ziele in selbstorganisierten Lernprozessen kein Widerspruch sein müssen.

Konkrete Ziele als *gewachsene* Kompetenzen (z. B. Informationen mit zunehmender Detailgenauigkeit wiedergeben zu können) zu benennen, halten wir für wesentlich für die formative bzw. begleitende Reflexion von Lernprozessen; ebenso wichtig ist es allerdings auch, für jeden Kompetenzbereich vielfältige Unterstützungsmöglichkeiten anzubieten, mit deren Hilfe Lernende offenbar gewordene Defizite selbstständig aufarbeiten können (vgl. Reich 2014, S. 272 ff.). So können bspw. eigens für die Reihe zugeschnittene Informationsblätter hinterlegt werden. Des Weiteren bieten sich im Bereich sprachlicher Kompetenzen entsprechende Übungen mit unterschiedlichem Schwierigkeitsgrad an. Sollen Schüler/innen im Hinblick auf die Planung und Durchführung von Lernprozessen weitgehend selbstorganisiert arbeiten, um ihre Potenziale zu entdecken und weiterzuentwickeln, so müssen sie auch die Chance haben, selbstständig – mit bedarfsgerechter Unterstützung – ihre Schwächen zu erkennen und zu beheben. Auch hier können Schüler/innen Lernlandkarten einsetzen, um sich ein Bild davon zu machen, welche Inhalte und Kompetenzen im Hinblick auf den Erwartungshorizont der Unterrichtsreihe sicher beherrscht werden oder der Übung und Wiederholung bedürfen (s. Kap. 4).

Tipp

Wer in seinem Unterricht mehr selbstreguliertes Lernen ermöglichen möchte, sollte dies schrittweise, schwerpunktorientiert und gemeinsam mit anderen Kolleg/innen tun. Auch sollte dies in dem Bewusstsein geschehen, dass man in einen mehrjährigen Prozess einsteigt. Dabei gilt es zu bedenken, dass sowohl Lehrkräfte als auch Lernende nach und nach Wissen und Kompetenzen erwerben müssen, die in selbstorganisierten Unterrichtsarrangements gebraucht werden. Dazu gehört seitens der Lehrkräfte (inklusive Schulleitung, Steuergruppe, Fach- und Jahrgangsgruppen) u. a.

- die Entwicklung professioneller Teamarbeit (vgl. Rolff 2010, S. 125),
- die sukzessive Planung eines kompetenzorientierten, fachbezogenen Curriculums (vgl. Lersch/Schreder 2012, S. 21) sowie eines fächerübergreifenden Methodencurriculums (das auch die Arbeit mit Lernlandkarten beinhaltet),
- die Ausbildung von Lerncoaches bzw. -berater/innen im Rahmen eines schulischen Beratungskonzepts,
- die Einigung auf Formen des Classroom Managements,
- die systematische Planung, Umsetzung und Evaluation des Implementationsprozesses (am besten auf der Basis eines Schulentwicklungsplans).

Auch die Schüler/innen können geschult werden, so bspw.

- in der Entwicklung von effizienter Teamarbeit (vgl. Meyer/Oleśniewicz 2014),
- in der Arbeit mit Kompetenzmatrizen,
- in der regelmäßigen Inanspruchnahme (und Durchführung) von Beratungsgesprächen,
- in der Planung, Durchführung und Reflexion von eigenen Lernprozessen (mithilfe von Lernlandkarten).

An dieser Stelle wird deutlich, dass die Kritik am selbstregulierten Lernen, es handle sich um eine »Zwangsautonomisierung« der Lernenden (vgl. Burchardt 2016), Lehrerhandeln auf die, vereinfacht gesagt, Unterrichtskontrolle reduziert. Gerade die »Lenkungsfreiräume«, die in Unterrichtsarrangements mit hoher Selbstregulation entstehen, schaffen den Raum für individuelle Unterstützung und Beratung. Zudem bedarf selbstreguliertes Lernen im besonderen Maße der Kooperation mit anderen (bspw. in Helfersystemen, Gruppen- und Projektarbeit, Schüler/innen-Feedback bei Präsentationen).

Im Rahmen einer sukzessiv erfolgenden Umstellung auf ein kompetenzorientiertes Curriculum gilt es, im jeweiligen Fach- bzw. Jahrgangsteam zu bestimmen, zu welchem Zweck Lernlandkarten eingeführt und erprobt werden sollen.

Im Interesse einer fortlaufenden Weiterentwicklung des Unterrichts – denn kein schulisches Entwicklungsvorhaben wird angestoßen und läuft dann »von selbst« weiter – gilt es, im kollegialen (Fach-)Team zu überlegen, welche Funktion (Planen, Erarbeiten, Üben, Reflektieren) der Lernlandkarte im Vordergrund der Entwicklung stehen soll. Als Teil der Entwicklung fachlich-methodischer Kompetenzen sollte hier keine Beliebigkeit entstehen. Denn nur ein gemeinsam gesetzter Entwicklungsfokus ermöglicht das Gewinnen von Informationen, die nach einer festgelegten Erprobungsphase gewinnbringend evaluiert werden und in eine Weiterentwicklung des praktizierten Landkartendenkens einfließen können.

Ausgehend von gemeinsam mit den Schüler/innen gewonnenen Hypothesen als Vermutungen darüber, *wie Unterricht besser sein könnte* (bspw. »Wenn wir die Lernlandkarte zu Beginn einer neuen Reihe einsetzen, sind wir mit unseren Lernergebnissen, die wir im Verlauf der Unterrichtsreihe erzielen, zufriedener.«) kann über eine festgelegte Dauer und mit bestimmten Akteur/innen überprüft, d. h. beobachtet, befragt und getestet werden, ob und in welcher Form die Veränderung des Unterrichts erfolgreich war (vgl. Jansen/Meyer 2016).

6

Beurteilung und Bewertung

Sie möchten die Lernlandkarten Ihrer Schüler/innen beurteilen und bewerten? Sie können dies aus zwei unterschiedlichen Motivationen heraus vornehmen.

Entweder möchten Sie im Rahmen summativer Leistungsbewertung Lernlandkarten neben anderen Lernleistungen beurteilen und bewerten. Dies kann zum Beispiel der Fall sein, wenn Lernlandkarten dazu genutzt werden, um Inhalte zu erarbeiten (Kap. 3). So könnte bspw. eine Lernlandkarte zu Präpositionen neben einem Kurzvortrag zu Eigenschaften von Präpositionen oder einer schriftlich ausformulierten Geschichte aus der Stadt der Präpositionen (Kap. 3.2) beurteilt werden. Daran kann sich dann auch die Bewertung in Form einer Note anschließen.

Oder aber Sie möchten Lernlandkarten im Rahmen formativer Leistungsbewertung in den laufenden Lernprozessen entsprechend bewerten und beurteilen, etwa wenn sie zum Üben eingesetzt werden (Kap. 4). Bei einer solchen Beurteilung geht es dann darum, die Lernlandkarte als Schritt im eigenen Lernprozess zu beurteilen mit Blick darauf, wie der weitere Übungsprozess erfolgt. So könnte es bspw. sein, dass die Schülerin nach der Erstellung einer Lernlandkarte der Genetik sich mit den drei Aspekten noch einmal genauer auseinandersetzt, die sie markiert hatte (Kap. 4.3).

Mit Blick auf die Beurteilung und Bewertung von Lernlandkarten – ob nun summativ oder formativ – sollten Sie immer die folgenden Schritte berücksichtigen:

Übersicht

Mögliches Vorgehen für die Bewertung und Beurteilung von Lernlandkarten

- Geben Sie Ihren Schüler/innen zu Beginn der Arbeit mit Lernlandkarten Reflexionshilfen an die Hand, damit diese selbst in die Lage versetzt werden, ihre Lernlandkarten zu beurteilen. Händigen Sie Ihren Schüler/innen dazu ggf. Hinweise und Checklisten aus.
- Legen Sie vorher fest, welche der drei diagrammatischen Schritte im Fokus der Beurteilung und Bewertung stehen sollen.
- Nehmen Sie ggf. gemeinsam mit Ihren Schüler/innen Beurteilungen und Bewertungen vor.
- Geben Sie die Möglichkeit zum Austausch über die Beurteilungen.
- Planen Sie von dort aus zusammen mit Ihren Schüler/innen die weiteren Lernprozesse.

6.1 Die drei diagrammatischen Schritte beurteilen

Ausgangspunkt unserer Überlegungen zur Beurteilung und Bewertung sollen die drei diagrammatischen Schritte sein, die Ihre Schüler/innen vollziehen, ungeachtet der Tatsache, in welcher der in den Kapiteln 2 bis 5 dargestellten Funktionen die Lernlandkarten erstellt werden.

Im **ersten diagrammatischen Schritt** sind Ihre Schüler/innen in doppelter Weise herausgefordert: Es geht nicht nur darum, auf Wissen zuzugreifen, das bereits erworben worden ist (während des Planens, Übens oder Reflektierens) bzw. gerade erworben wird (während des Erarbeitens), sondern vor allem darum, dieses zu veranschaulichen.

Eine Beurteilung der Anzahl der dargestellten Inhalte ist wie bereits erwähnt schwierig (Kap. 3): Die Anzahl gibt keine sichere Auskunft darüber, auf wie viele Inhalte Ihre Schüler/innen tatsächlich zurückgreifen können. Falls dies jedoch für Sie im Vordergrund steht, ist es ratsam, ausschließlich oder zusätzlich mit anderen diagnostischen Instrumenten zu arbeiten (vgl. Jansen/Meyer 2016).

Der Schwerpunkt liegt deshalb auf der Art und Form der Veranschaulichung. Diese kann, so haben wir an verschiedenen Beispielen gezeigt, ganz unterschiedlich erfolgen: So können Aspekte ausschließlich oder vornehmlich *verbal* ausgedrückt werden, um dann im zweiten diagrammatischen Schritt verbunden zu werden. Bildliche Elemente spielen dabei nur eine untergeordnete Rolle. Eine Veranschaulichung kann aber auch so erfolgen, dass bereits im ersten diagrammatischen Schritt *bildliche* Elemente im Vordergrund stehen, die als komplexe Metaphern einen Bildbereich eröffnen, der dann im zweiten diagrammatischen Schritt dazu genutzt wird, das Verhältnis der Aspekte zu erkunden und im dritten Schritt bspw.

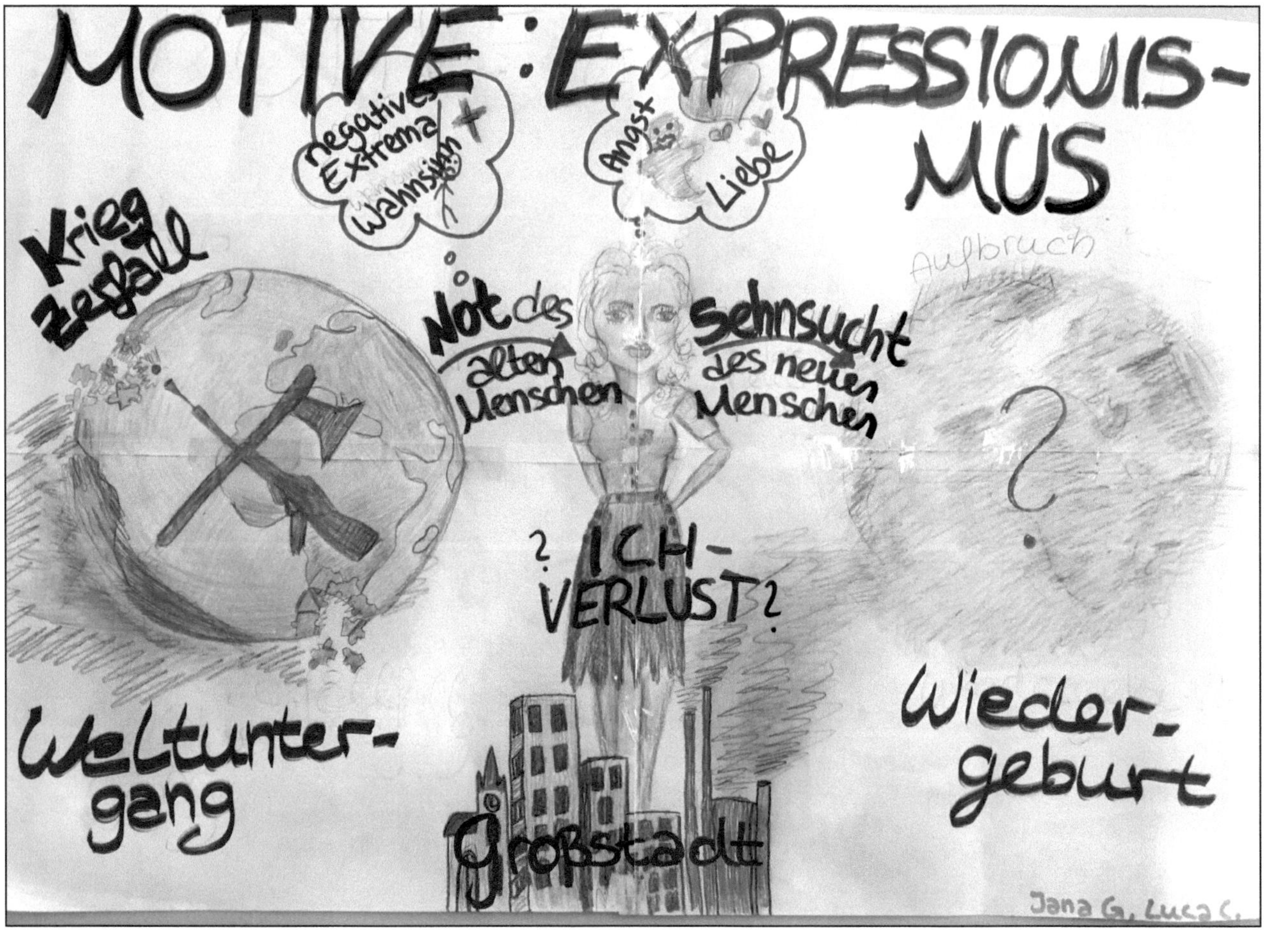

Abb. 30: Lernlandkarte »Motive Expressionismus« (Luca Conradi und Jana Gregulla, Qualifikationsphase 2 in der Sekundarstufe II)

Punkte zu identifizieren, die noch besser verstanden werden wollen. Dies lässt sich noch einmal am Beispiel der Lernlandkarte in Abbildung 30 sehr gut verdeutlichen.

Die Leistung der Schülerinnen bestand schon im ersten diagrammatischen Schritt nicht nur darin, Aspekte zu notieren, die zum Motivbereich expressionistischer Lyrik gehören, sondern vor allem darin, diese durch passende bildliche Elemente zu veranschaulichen. Durch die drei Elemente Erdkugel, Mensch, Großstadt wird zugleich eine komplexe Metapher entworfen, die es erlaubt, diese bildlichen Elemente auf notierte Motivbereiche zu beziehen. Die Bildelemente sind nicht bloß ikonisch (wie die gezeichnete Großstadt), sondern auch indexikalisch (das Mädchen verweist auf die Sehnsucht der Menschen). Dies zeigt noch einmal deutlich, wie unterschiedlich der erste diagrammatische Schritt ausgeführt werden kann und wie dadurch die folgenden Schritte auch im doppelten Sinn vorgezeichnet sind: Die bereits vorgenommene Art der Veranschaulichung (und ihre metaphorische Bereichsauswahl) eröffnet und begrenzt das, was im zweiten und dritten Schritt folgt.

Mit Blick auf die beiden folgenden diagrammatischen Schritte, die sich nicht immer scharf vom ersten Schritt trennen lassen, müssen Sie berücksichtigen, wie stark die Art und Form der Veranschaulichung gewichtet werden soll. Dies kann vom Alter der Schüler/innen, der Art des Einsatzes der Lernlandkarten, aber auch von der Vertrautheit mit dieser Arbeit abhängig gemacht werden.

Beim **zweiten diagrammatischen Schritt** liegt die Herausforderung darin, die notierten und veranschaulichten Inhalte in einen Zusammenhang zu bringen. Dieser Schritt ist der entscheidende im Landkartendenken (Kap. 1). Das in Abbildung 30 dargestellte Beispiel macht dies deutlich: Die einzelnen Bildelemente werden durch Anordnung und weitere Textelemente und Pfeile in einen Zusammenhang gebracht. Erst so kann sich auf der bildlichen Ebene die Komplexität der Metapher entfalten: Der Mensch, der in einer Großstadt lebt und gleichzeitig auch Bewohner der Erde ist, die sich verändert und eine Geschichte hat. Und erst so können die einzelnen Motive dieser Epoche in einen Zusammenhang gebracht werden, kann eine Auseinandersetzung mit ihnen stattfinden. Ein Effekt der Überraschung wird durch Wiederholung erzeugt: Das Element Erdkugel taucht zweimal auf, um die genannte zeitliche Ebene zu eröffnen. Ebenso werden zwei unterschiedliche Ebenen auf dem Papier geschaffen, eine zeitlich-erdgeschichtliche und eine räumlich-menschliche.

Im **dritten Schritt** liegt die Herausforderung darin, zu antizipieren in Bezug auf den weiteren Lernprozess, wo eigene Interessen, Fragen und Unklarheiten liegen bzw. zu reflektieren, was gut gelungen ist. Dieser dritte Schritt ist in jedem Fall bewertend mit Blick auf das, was bereits veranschaulicht und erkundet wurde. Hier kann auch Bezug genommen werden auf die Frage danach, inwiefern die Lernlandkarte dabei geholfen hat, im eigenen Lernprozess Entscheidungen zu treffen (vgl. Meyer/Meyer 2017). Dieser Prozess kann auch mündlich erfolgen. So erklären die beiden Schülerinnen, dass durch die Art der Veranschaulichung der Mensch sehr stark in den Vordergrund gerückt ist, der gesamthistorische Verlauf aber in den Hintergrund getreten sei. Durch eine Verbindung der beiden Erdkugeln durch einen Pfeil könne noch deutlicher gemacht werden, dass und wie der Untergang der einen »Welt« zugleich auch das Entstehen einer bestimmten neuen »Welt« ermöglicht.

Das Vorgehen zur Beurteilung und Bewertung im Einzelnen 6.2

Damit es zur Routine werden kann, dass Schüler/innen über Ihre erstellten Lernlandkarten reflektieren, sei hier noch einmal erinnert an die »Reflexionshilfen zur Beurteilung von Lernlandkarten«, die Sie für einen mündlichen Austausch anbieten können (vgl. die vorangegangenen Kapitel).

Diese Reflexionshilfen können darin unterstützen, herauszufinden, wo der Schwerpunkt bei der Erstellung einer Lernlandkarte gesetzt wurde. Oftmals lässt sich dies gerade nicht an der Lernlandkarte selbst ablesen, sondern verlangt ein Gespräch, in dem dies erst bewusst gemacht wird.

Davon ausgehend kann dann eine Beurteilung in Bezug auf denjenigen Schritt stattfinden, der jeweils den Schwerpunkt gebildet hat, mit entsprechenden weiterführenden Fragen:

Tipp – Fragen zur Beurteilung diagrammatischer Schritte

In Bezug auf den Schritt, auf den du dich konzentriert hast:

- Was ist dir deiner Ansicht nach gut gelungen?
- Was hast du rückblickend vielleicht übersehen?
- Was könntest du beim nächsten Mal noch besser machen?

Eine entsprechende Beurteilung kann formativ bspw. in einem Feedback-Gespräch erfolgen. Sie ist prozessbezogen und soll dabei helfen, herauszufinden, wie der Lernprozess weiter gestaltet werden kann.

Genauso ist es natürlich möglich, die Verbindung der drei diagrammatischen Schritte in den Vordergrund zu stellen (oder auch zweier Schritte). So zeigt unser Beispiel, dass der erste und zweite Schritt sehr gut miteinander verbunden wurden.

KV 10/11

Weitere Hinweise und Checklisten können hilfreich sein, sowohl für eine formative als auch für eine summative Beurteilung und Bewertung von Lernlandkarten. Wir zeigen Ihnen unten als Beispiel einen Selbsteinschätzungsbogen, der eingesetzt werden kann, um die drei diagrammatischen Schritte zu beurteilen (s. KV 10/11).

Tipp

Sie können den folgenden Selbsteinschätzungsbogen auch spezifizieren oder anreichern mit Kompetenzen oder Techniken, die für Ihre Fächer relevant sind. So ist etwa denkbar, dass formal- und symbolsprachliche Elemente im Mathematikunterricht eine größere Rolle spielen. Ebenfalls können Sie Ihren Schüler/innen ein Repertoire an Symbolen zur Verfügung stellen (z. B. sketchnotes), mit dem sie arbeiten können, wenn Sie der Ansicht sind, dass dies das Erstellen von Lernlandkarten erleichtert und in Bezug auf kreative Möglichkeiten nicht zu stark einschränkt.

Erinnern Sie sich daran, wie wichtig der Erwerb von Kompetenzen bezogen auf das Verstehen und Erstellen von graphischen Darstellungen, auch in Kombinationen mit Texten, ist (Kap. 1). Wenngleich dazu noch keine Literatur im engeren Sinne vorliegt – d. h. im Sinne von diagrammatischen Kompetenzen –, so lassen sich doch aus der Literatur unterschiedlicher Disziplinen zur Diagrammatik Aspekte nutzen, die Grundlage zur Formulierung von Kompetenzerwartungen sein können, wie der folgende Selbsteinschätzungsbogen zeigt.

Wegweiser – Selbsteinschätzungsbogen

Diagrammatischer Schritt	Kompetenzerwartung	––	–	+	++
	Ich habe ...				
1. Schritt: Veranschaulichung	... viele Einzelpunkte notiert.				
	... bildliche Darstellungen (z. B. Symbole) für die einzelnen Inhalte und Kompetenzen ausgewählt.				
	... die einzelnen Punkte auch sichtbar voneinander unterschieden (z. B. durch unterschiedliche Farben oder Formen).				
2. Schritt: Erkunden/ Untersuchen	... die Stärke der Verbindung der einzelnen Punkte bewusst und sichtbar gekennzeichnet (z. B. durch die Breite einer Straße).				
	... kenntlich gemacht, von welcher Art der Zusammenhang der einzelnen Punkte ist (Ursache/Wirkung, Mittel/ Zweck, Zeit/Raum).				
	... bildliche und textliche Elemente wiederholt verwendet, um Unterschiede oder Entwicklungen deutlich zu machen.				
	... bildliche und textliche Elemente so angeordnet, dass Vergleiche leicht möglich sind.				
3. Schritt: Schlüsse ziehen	... graphisch gekennzeichnet, welche Schlüsse ich ziehe.				
	... bildliche und textliche Elemente so gewählt, dass verständlich wird, warum ich daraus bestimmte Schlüsse gezogen habe.				

Erläuterung der Skalenwerte:
–– = trifft nicht zu
– = trifft größtenteils nicht zu
\+ = trifft größtenteils zu
++ = trifft zu

Wenn Sie für die Beurteilung der Lernlandkarten genauere Informationen darüber erhalten wollen, wie ihre Schüler/innen in den drei diagrammatischen Schritten im Einzelnen vorgegangen sind, kann dies gezielt in einem Gespräch mithilfe eines Interviewleitfadens herausgefunden werden (s. KV 12):

KV 12

Wegweiser – Vorlage für einen Interviewleitfaden

Ich möchte dir im Folgenden einige Fragen stellen. Sie sollen dir dabei helfen, herauszufinden, wie gut es dir gelungen ist, die drei Schritte der Arbeitsanweisung in deiner Lernlandkarte zu gehen.

1) Wie bist du vorgegangen bei der Veranschaulichung der einzelnen Inhalte?
   - Hast du sie unabhängig voneinander notiert und dargestellt?
   - Oder hast du schon währenddessen Verbindungen zwischen den einzelnen Punkten eingezeichnet?
   - Hast du schon vorher ein bestimmtes (Gesamt-)Bild im Kopf gehabt; falls ja, wie hast du es graphisch umgesetzt?

2) Wie hast du Unterschiede in den Zusammenhängen graphisch gekennzeichnet?
   - Wie bist du dabei vorgegangen?
   - Hast du jeweils überlegt, um welche Art von Verbindung es sich handelt, oder nicht?
   - Wie hast du es erreicht, dass in deiner Darstellung Zusammenhänge sichtbar werden in Bezug auf Ursache/Abhängigkeit, Mittel/Zweck, Zeit/Raum?

3) Wie hast du graphisch gekennzeichnet, welche Schlüsse du gezogen hast?
   - Wie hast du deine Darstellung gewählt und aufgebaut, sodass direkt verständlich werden kann, welche Schlüsse du gezogen hast?

Diese Fragen zielen darauf ab, den Prozess der Erstellung der Lernlandkarte genauer zu beleuchten. Auf die Frage in Punkt 3) hatten bspw. die Schülerinnen, die die Lernlandkarte in Abbildung 30 erstellt haben, geantwortet: »Wir haben dargestellt, welche Wirkung der gesellschaftlich-politische Zustand der Welt auf die Menschen hatte; wir haben auch dargestellt, welche Sehnsüchte und Wünsche der Menschen sich daraus in Bezug auf die zukünftige Welt ergeben. Wir haben jedoch nicht kenntlich gemacht und würden gerne genauer verstehen, wie die Vision einer solchen Welt aussah.«

Abschließend wollen wir auf die Reflexionshilfen zur Beurteilung von Lernlandkarten zurückkommen. Es kann hilfreich sein, im Vorhinein festzulegen, welcher der drei diagrammatischen Schritte im **Fokus der Beurteilung und Bewertung** stehen soll. Das ist vor allem dann wichtig, wenn Ihre Schüler/innen noch nicht genügend Routine in der Erstellung von und der Arbeit mit Lernlandkarten haben.

Sie können die Beurteilung gemeinsam oder ohne Ihre Schüler/innen vornehmen. Eine gemeinsame Beurteilung und ggf. ergänzende Bewertung durch Sie hat den Vorteil, dass nicht nur die Beurteilungskompetenzen Ihrer Schüler/innen gestärkt werden, sondern auch Ihre Beurteilung und Bewertung für die Schüler/innen transparent werden. Deshalb halten wir es für wichtig, die Möglichkeit zum Austausch über die Beurteilungen zu geben. Dies kann auch in Teams unter den Schüler/innen als formative Beurteilung erfolgen.

Nutzen Sie in jedem Fall die Beurteilungen und Bewertungen der Lernlandkarten für die weitere Planung von Lernprozessen. Sie können davon ausgehend Änderungen vornehmen in Bezug auf die sechs Schritte, die wir jeweils zu Beginn der vergangenen Kapitel genannt haben (z. B. auf S. 21).

Damit kehren wir zu unseren Überlegungen in der Einleitung zurück (Kap. 1.8): »Wir müssen von vorne anfangen« (Adnan 2016, S. 16). Das Erstellen von Lernlandkarten ermöglicht uns nicht nur Neuanfänge in Bezug auf das eigene Denken, Lernen und Arbeiten. Sondern es ermöglicht uns auch gemeinsam darüber nachzudenken, wie der Unterricht gemeinsam weiterentwickelt werden kann (Kap. 5). Unterricht ist kein statisches Geschehen, *in* dem unterschiedliche Methoden und Formen angewendet werden. Unterricht ist *selbst* ein beständiger Entwicklungsprozess, den es gemeinsam zu gestalten gilt. Wir haben Ihnen gezeigt, dass Lernlandkarten nicht bloß Inhalte festhalten, indem diese visualisiert werden, sondern dass

Lernlandkarten dabei helfen zu entdecken, wo sich Dynamiken finden: Wo uns Fragen in Bewegung versetzen, wo uns Probleme beschäftigen, wo sich uns neue Gedanken eröffnen (Bremner 2017, S. 96).

Lernlandkarten können diesen Prozess unterstützen und sind diesem Prozess auch selbst unterworfen: Es liegt in Ihrer Hand, wie Sie mit Lernlandkarten arbeiten wollen und wie Sie Ihren Unterricht mit Lernlandkarten weiterentwickeln wollen.

Literatur

Achermann, E./Rutishauser, F. (2016): Mit Lernlandkarten unterrichten und lernen. Grundlagen für Eingangsstufe und Primarschule. Bern: Schulverlag plus.

Adnan, E. (2016): Bilder schreiben. Hamburg: Edition Nautilus.

Aufschnaiter, C./Rogge, Ch. (2010): Wie lassen sich Verläufe der Entwicklung von Kompetenz modellieren? In: Zeitschrift für Didaktik der Naturwissenschaften, 16, S. 95–114.

Bauer, M./Ernst, C. (2010): Diagrammatik. Bielefeld: transkript.

Bender, J. (2010): The Culture of Diagram. Standford: SUP.

Bitzer, J./Meyer, M./Oleśniewicz, M. (2013): Sechs Augen sehen mehr als zwei. In: Lernchancen 93/94, S. 8–13.

Bohl, T. (2008): Wissenschaftliches Arbeiten im Studium der Pädagogik. 3. Auflage. Weinheim: Beltz.

Bredel, U./Pieper, I. (2015): Integrative Deutschdidaktik. Paderborn: Schöningh.

Bremner, L. (2017): Monsoom Assemblage, in: Migrant Journal 3, S. 90–97.

Burchardt, M. (2016): Wir machen alles alleine. Die Krise des selbstgesteuerten Lernens. Manuskript einer Hörsendung des SWR vom 13.03.2016. http://www.swr.de/-/id=16882210/property=download/nid=660374/1obdni3/swr2-wissen-20160313.pdf. Abruf am 16.08.17.

Buzan, T./Buzan, B. (2013): Das Mind-Map-Buch. München: mvg.

Calvino, I. (2007): Die unsichtbaren Städte. Hamburg: Hanser.

Christophel, E./Baadte, C./Heyne, N./Schnotz, W. (2017): Diagnostische und didaktische Kompetenz von Lehrkräften zur Förderung der Text-/Bild-Integrationsfähigkeit bei Schülerinnen und Schülern der Sekundarstufe I (DIKOL). In: Gräsel, C. und Trempler, K.: Entwicklung von Professionalität pädagogischen Personals, S. 263–281.

Clarke, S. C. (2005): Formative Assessment in the Secondary Classroom. London: Hodder Education.

Dancygier, B./Sweetser, E. (2014): Figurative Language. Cambridge: Cambridge University Press.

Dick, M./Marotzki, W./Mieg, H. (Hrsg.) (2016): Handbuch Professionsentwicklung. Bad Heilbrunn: Klinkhardt.

Dörner, D. (1989): Die Logik des Misslingens. Reinbek: Rowohlt.

Driesen, C. (2016): Theorie des Gekritzels. Berlin Wien: Turia + Kant.

Dweck, C. S. (2006): The New Psychology of Success. New York: Random House.

Echazarra, A./Salinas, D./Méndez, I./Denis, V./Rech, G. (2016): How Teachers Teach and Students Learn: Successful Strategies for School. OECD Education Working Paper No. 130. OECD Publishing.

Enfield, N. (2009): The Anatomy of Meaning. Cambridge: Cambridge University Press.

Erpenbeck, J./Sauter, W. (2016): Stoppt die Kompetenzkatastrophe! Berlin: Springer.

Föh, M.-J. (2012): Lernlandkarten: ständige Begleiter im Lernprozess. In: Praxis Schule 5–10, 2, S. 8–13.

Götz, T. (Hrsg.) (2017): Emotion, Motivation und selbstreguliertes Lernen. 2., aktualisierte Auflage. Paderborn: Schöningh.

Granzow-Emden, M. (2014): Deutsche Grammatik verstehen und unterrichten. 2., überarbeitete Auflage. Tübingen: Narr.

Hackl, A. (2014): Der Mehrwert personenorientierten Lehrens und Lernens. In: Weigand, G. u. a. (Hrsg.): Personenorientierte Begabungsförderung. Weinheim: Beltz.

Hardeland, H. (2017): Der Klassen-Coach. Baltmannsweiler: Schneider Verlag Hohengehren.

Hattie, J. A. C. (2014): Lernen sichtbar machen. 2., korrigierte Auflage. Baltmannsweiler: Schneider Verlag Hohengehren.

Hessler, J. (Hrsg.) (2015): Map. London: Phaidon.

Heyse, V./Erpenbeck, J./Ortmann, S. (Hrsg.) (2010): Grundstrukturen menschlicher Kompetenzen. Münster: Waxmann.

Hoffmann, M. (2000): Die Paradoxie des Lernens und ein semiotischer Ansatz zu ihrer Auflösung. In: Zeitschrift für Semiotik, 22 (1), S. 31–50.

Huschke-Rhein, R. (1998): Systemische Erziehungswissenschaft. Weinheim: Deutscher Studien Verlag.

Jansen, C./Meyer, M. (2016): Diagnostizieren im Dialog. Weinheim: Beltz.

Kaiser, A./Kaiser, R. (1999): Metakognitionen: Denken und Problemlösen optimieren. Neuwied: Luchterhand.

Kleinknecht, M./Bohl, T./Maier, U./Metz, K. (Hrsg.) (2013): Lern- und Leistungsaufgaben im Unterricht. Fächerübergreifende Kriterien zur Auswahl und Analyse. Bad Heilbrunn: Klinkhardt.

Krämer, S. (2016): Figuration, Anschauung, Erkenntnis. Frankfurt a. M.: Suhrkamp.

Kraus, A./Budde, J./Maud, H./Wulf, C. (Hrsg.) (2017): Schweigendes Wissen. Weinheim: Beltz.

Lersch, R. (2010): Wie unterrichtet man Kompetenzen? Wiesbaden: Hessisches Kultusministerium, Institut für Qualitätsentwicklung.

Lersch, R./Schreder, G. (2012): Kumulativen Kompetenzaufbau ermöglichen. In: Lernende Schule, 58, S. 21–22.

Lersch, R./Schreder, G. (2013): Grundlagen kompetenzorientierten Unterrichtens. Berlin: Budrich.

Madden, C. (2017): The PolicyViz Podcast #92 sketchnote. https://policyviz.com/podcast/episode-92-catherine-madden/Abruf am 21.08.17.

Maier, U. (2015): Leistungsdiagnostik in Schule und Unterricht. Bad Heilbrunn: Klinkhardt.

Maier, U./Bohl, T./Kleinknecht, M./Metz, K. (2013): Allgemeindidaktische Kategorien für die Analyse von Aufgaben. In: Kleinknecht, M. u. a. (Hrsg.): Lern- und Leistungsaufgaben im Unterricht. Fächerübergreifende Kriterien zur Auswahl und Analyse. Bad Heilbrunn: Klinkhardt, S. 9–45.

Meyer, M./Jansen, C. (2016): Schulische Diagnostik. Bad Heilbrunn: Klinkhardt.

Meyer, M./Meyer, M. (2016): Effiziente Teamarbeit in Seminaren und Projekten anregen. Workshop an der Hochschuldidaktischen Arbeitsstelle der TU Darmstadt. Köln: Manuskript.

Meyer, M./Meyer, M. (2017): Lernen und Entscheiden (eingereichtes Manuskript).

Meyer, M./Oleśniewicz, M. (2013): Lernlandkarten einsetzen – Lernwege sichtbar machen. In: Boßhammer, H./Schüllermann, A. (Hrsg.): Fordern und Fördern in der Sekundarstufe I. Kapitel E.6.5. Stuttgart: Raabe, S. 1–20.

Meyer, M./Oleśniewicz, M. (2014): Erfolgreich studieren – in Teams. Neues Handbuch Hochschuldidaktik. Kapitel C 2.30. Berlin. Raabe, S. 43–63.

Meyer, M./Oleśniewicz, M. (2015): Aufgabenstellung in die Hand der Lernenden geben. In: Boßhammer, H./Schüllermann, A. (Hrsg.): Fordern und Fördern in der Sekundarstufe I. Kapitel F.3. Stuttgart: Raabe, S. 1–24.

Ministerium für Schule und Weiterbildung (Hrsg.) (2008): Kernlehrplan für die Sekundarstufe I in Nordrhein-Westfalen Praktische Philosophie. Düsseldorf: Ministerium für Schule und Weiterbildung des Landes Nordrhein-Westfalen. [= KLP PP 2008]

Ministerium für Schule und Weiterbildung (Hrsg.) (2013): Kernlehrplan für die Sekundarstufe II Gymnasium/Gesamtschule in Nordrhein-Westfalen Deutsch. Düsseldorf: Ministerium für Schule und Weiterbildung des Landes Nordrhein-Westfalen. [= KLP Deutsch 2013]

Ministerium für Schule und Weiterbildung (Hrsg.) (2014): Kernlehrplan für die Sekundarstufe II Gymnasium/Gesamtschule in Nordrhein-Westfalen Biologie. Düsseldorf: Ministerium für Schule und Weiterbildung des Landes Nordrhein-Westfalen. [= KLP Biologie 2014]

Ministerium für Schule und Weiterbildung (Hrsg.) (2014): Kernlehrplan für die Sekundarstufe II Gymnasium/Gesamtschule in Nordrhein-Westfalen Sozialwissenschaften und Sozialwissenschaften/Wirtschaft. Düsseldorf: Ministerium für Schule und Weiterbildung des Landes Nordrhein-Westfalen. [= KLP Sowi 2014]

Muuß-Merholz, J. (2018): Freie Unterrichtsmaterialien finden, rechtssicher einsetzen, selbst machen und teilen. Weinheim: Beltz.

Nazemi, K. (2016): Adaptive Semantics Visualization. Cham: Springer International Publishing.

Netz, Reviel (1998): Greek Mathematical Diagrams: Their Use and Their Meaning. In: For the Learning of Mathematics, 18 (3), S. 33–39.

North, K./Güldenberg, S./Dick, M. (2016): Wissensarbeit(er). In: Dick, M. u. a. (Hrsg.): Handbuch Professionsentwicklung. Bad Heilbrunn: Klinkhardt, S. 125–138.

OECD (Hrsg.) (2014): PISA 2012 Results: Creative Problem Solving (Volume V): Students' Skills in Tackling Real-Life Problems. OECD Publishing. DOI: http://dx.doi.org/10.1787/9789264208070-en. Abruf am 20.03.17.

OECD (Hrsg.) (2018): The Future of Education and Skills. Education 2030. OECD Publishing. http://www.oecd.org/education/2030/oecd-education-2030-position-paper.pdf. Abruf am 16.02.18.

Peirce, C. S. (1901): Charles S. Peirce: REASONING (1901). In: Baldwin, J. M. (Hrsg.): Dictionary of Philosophy and Psychology. New York: Macmillan.

Peirce, C. S. (1897): The Logic of Relatives. In: The Monist, VII, 2, S. 161–217.

Renger, A.-B. (2017): Übung. In: Kraus, A./Budde, J./Maud, H./Wulf, C. (Hrsg.): Schweigendes Wissen. Weinheim: Beltz, S. 771–782.

Reich, K. (2014): Inklusive Didaktik. Weinheim: Beltz.

Robinson, K./Aronia, L. (2015): Creative Schools: The Grassroots Revolution That's Transforming Education. London: Penguin.

Rolff, H.-G. (Hrsg.) (2010): Führung, Steuerung, Management. Seelze: Kallmeyer.

Ryan, P. (2009): The Three Person Solution. West Lafayette: Purdue University Press.

Schnebel, S. (2012): Professionell beraten. 2., ergänzte Auflage. Weinheim: Beltz.

Schwarzer, C./Posse, N. (2005): Beratung im Handlungsfeld Schule. Pädagogische Rundschau, 2, S. 139–151.

Spencer, J./Juliani, A. J. (2016): LAUNCH: Using Design Thinking to Boost Creativity and Bring Out the Maker in Every Student. San Diego: Dave Burgess Consulting, Inc.

Stjernfeld, F. (2007): Diagrammatology. Dordrecht: Springer.

Stjernfelt, F. (2014): Natural Propositions. Boston: Docent Press.

Tufte, E. R. (1990): Envisioning Information. Cheshire: Graphics Press.

Tufte, E. R. (1997): Visual Explanations. Cheshire: Graphics Press.

Von der Groeben, A./Kaiser, I. (2012): Herausfordern und Lernwege anbieten (1). Möglichkeiten kognitiver Aktivierung. In: Pädagogik, 63 (2011) 2, S. 42–46.

Wallimann, D. (2017): The Map of Chemistry. http://www.openculture.com/2017/05/the-map-of-chemistry-new-animation-summarizes-the-entire-field-of-chemistry-in-12-minutes.html. Abruf am 18.07.17.

Ware, P. D./Warschauer, M. (2005): Hybrid literacy texts and practices in technology-intensive environments. In: International Journal of Educational Research, 43, S. 432–445.

Welke, K. (2011): Valenzgrammatik des Deutschen. Berlin: de Gruyter.

Whitmore, J. (2009): Coaching für die Praxis. Staufen: allesimfluss.

Wild, K.-P. (2006): Lernstrategien und Lernstile. In: D. H. Rost (Hrsg.): Handwörterbuch Pädagogische Psychologie. 3. Auflage. Weinheim: Beltz, S. 424–429.

Wild, E./Möller, J. (2015): Pädagogische Psychologie. 2., vollständig überarbeitete und aktualisierte Auflage. Berlin: Springer.

Wildt, M. (2009): Wo stehe ich – wo will ich hin? Lernlandkarten als Mittel zur Selbsteinschätzung und Selbststeuerung. In: Lernchancen, 71, S. 4–7.

Ziener, G. (2010): Bildungsstandards in der Praxis. Kompetenzorientiert unterrichten. Seelze: Kallmeyer.

Übersicht über die Kopiervorlagen/Online-Materialien

Alle Kopiervorlagen finden Sie auch zum Downloaden auf der Produktseite zu diesem Buch auf www.beltz.de

Die erste Kopiervorlage kann in individualisierten Lernarrangements verwendet werden, damit Schüler/innen ihre laufende Arbeit dokumentieren können.

Die Kopiervorlagen 2 bis 4 zeigen Übersichtstabellen, die in der Klasse aufgehängt oder den Schüler/innen ausgehändigt werden können. Sie können auch zur Planung in Fach- oder Jahrgangsteams genutzt werden.

Die Kopiervorlagen 5 bis 9 können als Anleitungen zum Erstellen von Lernlandkarten direkt im Unterricht eingesetzt und an die Schüler/innen ausgegeben werden.

Die Kopiervorlagen 10 und 11 können zur Reflexion der Arbeit mit Lernlandkarten eingesetzt werden und von den Schüler/innen zur Einschätzung verwendet werden.

Mit Hilfe der Kopiervorlage 12 können sowohl Sie als auch Ihre Schüler/innen Interviews führen, um Anhaltspunkte für die Beurteilung von Lernlandkarten zu erhalten.

KV 1

Arbeitsplan

Datum (TT.MM.JJ)	Meine Kompetenz	Meine Aufgaben und Bilanzform	☺	😐	☹	Kommentar/Progression/Bewertung

Erläuterungen zu den einzelnen Spalten:

Meine Kompetenz: Trage hier die Kompetenzerwartung (z. B. aus der Kompetenzmatrix) ein.

Meine Aufgabe und Bilanzform: Trage hier deine Aufgabe ein und die Form, in der du sie bearbeiten willst (z. B. Anleitung erstellen, Text schreiben, ...).

Smileys: Wenn du mit der Aufgabe fertig bist, kreuze an, ob du »sehr zufrieden«, »zufrieden« oder »nicht zufrieden« mit deinem Arbeitsergebnis bist.

Kommentar: Hier kann ein Mitschüler/eine Mitschülerin oder deine/e Lehrer/in etwas zu deinem Arbeitsergebnis notieren (z. B. nach einem Feedbackgespräch).

Progression: Hier kann deine/e Lehrer/in ein Symbol (z. B. ↑/↓) eintragen, um einen Hinweis darauf zu geben, ob du gut oder weniger gut vorankommst.

Bewertung: Hier kann deine/e Lehrer/in ein Symbol (z. B. +/-) eintragen, um einen Hinweis zur Bewertung deines Arbeitsergebnisses zu geben.

KV 2

Die Einsatzmöglichkeiten von Lernlandkarten

		Wir können Lernlandkarten im Unterricht einsetzen und benutzen, um ...				
		Lernprozesse zu planen.	**Inhalte und Themen zu erarbeiten.**	**zu üben.**	**etwas während des Lernens zu reflektieren.**	**etwas am Ende zu reflektieren.**
		Das Erstellen einer Lernlandkartesoll dir dabei helfen, herauszufinden, ...				
Wofür die einzelnen Schritte da sind:	**1. Schritt**	welche Inhalte und Kompetenzen du in Gedanken mit dem Thema der Unterrichtsreihe verbindest, die jetzt beginnt.	welche Inhalte und Kompetenzen du als bedeutsam einschätzt für das Thema, mit dem du dich gerade beschäftigst.	auf welche Inhalte und Kompetenzen du zurückgreifen kannst, die du gelernt bzw. erworben hast.	von welchen Inhalten und Kompetenzen du denkst, dass sie in der laufenden Unterrichtsreihe besonders/ weniger interessant bzw. besonders/ weniger wichtig für dich sind.	von welchen Zielen du rückblickend denkst, dass du sie in der vergangenen Unterrichtsreihe erreicht hast oder (noch) nicht erreicht hast.
	2. Schritt	welche Zusammenhänge zwischen den Inhalten und Kompetenzen in deinen Gedanken bestehen.	welche Zusammenhänge zwischen den Inhalten und Kompetenzen du für bedeutsam hältst.	welche für dich neuen Zusammenhänge du zwischen den Inhalten und Kompetenzen herstellen kannst.	welche Zusammenhänge du zwischen den Inhalten und Kompetenzen bisher entdeckt hast, die für dich bedeutsam sind.	welche Zusammenhänge für dich zwischen den Zielen bestehen, die du erreicht hast oder (noch) nicht erreicht hast.
	3. Schritt	was du in der kommenden Unterrichtsreihe gerne lernen möchtest und womit du dich beschäftigen möchtest.	was du in Bezug auf dein Thema noch genauer verstehen willst.	was du noch genauer verstehen willst oder noch besser können willst.	was du in Bezug auf das Thema der laufenden Unterrichtsreihe bisher gelernt hast.	was du in Bezug auf das, was du gelernt hast, zukünftig genau so oder anders machen willst.

KV 3

Arbeitsanweisungen für Lernlandkarten

		Planen	Erarbeiten	Üben	Reflektieren (formativ)	Reflektieren (summativ)
		Nimm eine Seite in deinem Heft oder ein Blatt (DIN A4 oder A3) zur Hand. *Alternativ* (»Reflektieren, formativ«): Nimm deine Lernlandkarte, die du zu Beginn der Unterrichtsreihe erstellt hast, zur Hand. Betrachte zunächst, was du notiert hast, und gehe in Gedanken deinen Lernweg durch: Wo hast du begonnen? Wo stehst du jetzt? Wie bist du dahin gekommen?				
Was in den einzelnen Schritten zu tun ist:	**1. Schritt (Veranschaulichung)**	Veranschauliche, ...				
		welche Inhalte und Kompetenzen du mit dem Thema der kommenden Unterrichtsreihe verbindest.	welche Inhalte und Kompetenzen deiner Ansicht nach für dieses Thema wesentlich sind.	welche Inhalte du dir erschlossen hast und welche Kompetenzen du erworben hast.	was deiner Ansicht nach in der laufenden Unterrichtsreihe in Bezug auf die Inhalte und Kompetenzen besonders/weniger interessant bzw. besonders/weniger wichtig ist.	(auch mit Blick auf die Beurteilung durch deine/n Lehrer/in) welche Ziele zu den Inhalten und Kompetenzen du rückblickend erreicht hast bzw. noch nicht erreicht hast.
	2. Schritt (Erkundung/ Untersuchung)	Hebe graphisch hervor, ... /Denke über die Beziehung der einzelnen Punkte nach und kennzeichne, ...				
		wie die einzelnen Inhalte und Kompetenzen, die du mit dem Thema verbindest, zusammenhängen.	welche Zusammenhänge zwischen den einzelnen Inhalten und Kompetenzen deiner Ansicht nach wesentlich sind.	wie die dir bekannten Inhalte und Kompetenzen für dich zusammenhängen.	welche Zusammenhänge du zwischen den einzelnen Inhalten und Kompetenzen für dich bisher entdeckt hast.	welche Zusammenhänge für dich zwischen den erreichten oder noch nicht erreichten Zielen bestehen.
	3. Schritt (Schlüsse ziehen)	Betrachte die einzelnen Punkte und ihre Verbindungen. Hebe hervor und ergänze, ...				
		zu welchen Inhalten und Kompetenzen du gerne etwas herausfinden möchtest, was du besonders interessant findest.	welche Fragen sich dir in Bezug auf bestimmte Inhalte und Kompetenzen stellen.	was für dich noch unklar ist und was du noch intensiver üben möchtest.	was du bisher gut verstanden hast bzw. gut kannst.	was du zukünftig genau so oder anders machen willst.

KV 4

Hinweise zum Erstellen von Lernlandkarten

		Planen	Erarbeiten	Üben	Reflektieren (formativ)	Reflektieren (summativ)
		Wähle eine Form, die dir naheliegt und die du schnell erstellen kannst. Du kannst so viel schreiben, symbolisieren, zeichnen, malen, skizzieren wie du magst.				
Was bei den einzelnen Schritten zu bedenken ist und hilfreich ist:	**1. Zum ersten Schritt**	Wähle in deiner Darstellung Formen aus, die die einzelnen thematischen Inhalte und Kompetenzen anschaulich machen. Versuche, möglichst viele Einzelpunkte zu benennen. Es geht dabei nicht um richtig oder falsch, oder darum, wie viel du darüber weißt. Beziehe dich auch auf Erfahrungen und Inhalte außerhalb dieses Fachs und außerhalb der Schule.	Wähle in deiner Darstellung Formen aus, die anschaulich machen, was du dir gedacht hast. Mit Inhalten sind alle Aspekte eines Themas gemeint, die dir wichtig erscheinen: Annahmen, Thesen, Erklärungen, Beschreibungen, Probleme, Fragen, …	Wähle in deiner Darstellung Formen aus, die anschaulich machen, was du schon weißt und kannst.	Wähle in deiner Darstellung Formen aus, die die einzelnen Dinge und Aspekte des Themas anschaulich machen. Kennzeichne ebenfalls anschaulich, was dich besonders bzw. weniger interessiert hat.	Wähle in deiner Darstellung Formen aus, die die einzelnen Ziele anschaulich machen. Unterscheide zwischen Zielen, die du erreichen wolltest, und Zielen, die du erreichen solltest. Kennzeichne ebenfalls anschaulich, welche Ziele du erreicht oder noch nicht erreicht hast.
	2. Zum zweiten Schritt	Mache dir bewusst und in deiner Lernlandkarte kenntlich, - wie stark die Verbindungen zwischen den einzelnen Punkten sind (z. B. Breite einer Straße, eines Flusses o. Ä.) und - von welcher Art die Verbindungen sind (z. B. Hindernisse und Gefahren auf dem Weg). Kennzeichne, ob die Verbindungen Ursachen, Mittel/Zweck oder eine zeitliche Abfolge darstellen sollen.				
	3. Zum dritten Schritt	Deine Interessen können sich darauf beziehen, warum etwas so ist, wozu etwas gut ist, wann etwas passiert.	Deine Fragen können sich u. a. darauf beziehen, warum etwas so ist, wozu etwas gut ist, wann etwas passiert.	Markiere graphisch oder ergänze ggf. anschaulich, was du noch genauer verstehen willst oder noch besser können möchtest.	Markiere graphisch oder ergänze ggf. anschaulich, was du gut verstanden hast bzw. gut kannst.	Markiere graphisch oder ergänze ggf. anschaulich, was du zukünftig genau so oder anders machen willst.

KV 5

Erstellen einer Lernlandkarte zum Planen von Lernprozessen

Wofür die einzelnen Schritte da sind:
Das Erstellen einer Lernlandkarte soll dir dabei helfen, herauszufinden,
1) welche Inhalte und Kompetenzen du in Gedanken mit dem Thema der Unterrichtsreihe verbindest, die jetzt beginnt,
2) welche Zusammenhänge zwischen den Inhalten und Kompetenzen in deinen Gedanken bestehen,
3) was du in der kommenden Unterrichtsreihe gerne lernen möchtest und womit du dich beschäftigen möchtest.

Die fertige Lernlandkarte soll dir dann dabei helfen, deinen Lernprozess in dieser Unterrichtsreihe zu planen.

Was in den einzelnen Schritten zu tun ist:
Nimm eine Seite in deinem Heft oder ein Blatt (DIN A4 oder A3) zur Hand.

1. Veranschauliche, welche Inhalte und Kompetenzen du mit dem Thema der kommenden Unterrichtsreihe verbindest.

2. Hebe graphisch hervor, wie die einzelnen Inhalte und Kompetenzen, die du mit dem Thema verbindest, zusammenhängen.

Mit dem 2. Schritt beziehst du dich auf den 1. Schritt.

3. Hebe hervor und ergänze, zu welchen Inhalten und Kompetenzen du gerne etwas herausfinden möchtest, was du besonders interessant findest.

Mit dem 3. Schritt beziehst du dich auf den 1. und den 2. Schritt.

Du hast dafür ____ Minuten Zeit.
Arbeite während dieser Zeit für dich alleine und tausche dich mit niemandem aus.

Was bei den einzelnen Schritten zu bedenken ist und hilfreich ist:
Wähle eine Form, die dir naheliegt und die du schnell erstellen kannst. Du kannst so viel schreiben, symbolisieren, zeichnen, malen, skizzieren wie du magst.
1) Wähle in deiner Darstellung Formen aus, die die einzelnen thematischen Inhalte und Kompetenzen anschaulich machen. Versuche, möglichst viele Einzelpunkte zu benennen. Es geht dabei nicht um richtig oder falsch, oder darum, wie viel du darüber weißt. Beziehe dich auch auf Erfahrungen und Inhalte außerhalb dieses Fachs und außerhalb der Schule.
2) Mache dir bewusst und in deiner Lernlandkarte kenntlich, wie stark die Verbindungen zwischen den einzelnen Punkten sind (z. B. Breite einer Straße, eines Flusses o. Ä.) und von welcher Art die Verbindungen sind (z. B. Hindernisse und Gefahren auf dem Weg). Kennzeichne, ob die Verbindungen Ursachen, Mittel/Zweck oder eine zeitliche Abfolge darstellen sollen.
3) Deine Interessen können sich darauf beziehen, warum etwas so ist, wozu etwas gut ist, wann etwas passiert.

Was du (dich) fragen kannst, wenn du dich mit anderen über die Lernlandkarten austauschst:
Wenn du daran zurückdenkst, wie du deine Lernlandkarte erstellst hast: Warst du dann dabei ...
1) vor allem konzentriert auf das Zeichnen und Aufschreiben der Einzelpunkte?
2) vor allem konzentriert auf die (Art der) Verbindung der Einzelpunkte?
3) vor allem konzentriert auf mögliche Erkenntnisse ausgehend von deiner Lernlandkarte?

KV 6

Erstellen einer Lernlandkarte zum Erarbeiten von Themen und Inhalten

Wofür die einzelnen Schritte da sind:
Das Erstellen einer Lernlandkarte soll dir dabei helfen, herauszufinden,

1. welche Inhalte und Kompetenzen du als bedeutsam einschätzt für das Thema, mit dem du dich gerade beschäftigst,
2. welche Zusammenhänge zwischen den Inhalten und Kompetenzen du für bedeutsam hältst,
3. was du in Bezug auf dein Thema noch genauer verstehen willst.

Die fertige Lernlandkarte soll dir dann dabei helfen, einen Überblick über ein bestimmtes Thema zu bekommen.

Was in den einzelnen Schritten zu tun ist:
Nimm eine Seite in deinem Heft oder ein Blatt (DIN A4 oder A3) zur Hand.

1. Veranschauliche, welche Inhalte und Kompetenzen deiner Ansicht nach für dieses Thema wesentlich sind.

2. Hebe graphisch hervor, welche Zusammenhänge zwischen den einzelnen Inhalten und Kompetenzen deiner Ansicht nach wesentlich sind.

3. Hebe hervor und ergänze, welche Fragen sich dir in Bezug auf bestimmte Inhalte und Kompetenzen stellen.

Mit dem 2. Schritt beziehst du dich auf den 1. Schritt.

Mit dem 3. Schritt beziehst du dich auf den 1. und den 2. Schritt.

Du hast dafür _____ Minuten Zeit.
Arbeite während dieser Zeit für dich alleine und tausche dich mit niemandem aus.
Nutze das vorgegebene Material und ziehe bei Bedarf weiteres Material hinzu.

Was bei den einzelnen Schritten zu bedenken ist und hilfreich ist:
Wähle eine Form, die dir naheliegt und die du schnell erstellen kannst. Du kannst so viel schreiben, symbolisieren, zeichnen, malen, skizzieren wie du magst.

1) Wähle in deiner Darstellung Formen aus, die anschaulich machen, was du dir gedacht hast. Mit Inhalten sind alle Aspekte eines Themas gemeint, die dir wichtig erscheinen: Annahmen, Thesen, Erklärungen, Beschreibungen, Probleme, Fragen ...
2) Mache dir bewusst und in deiner Lernlandkarte kenntlich, wie stark die Verbindungen zwischen den einzelnen Punkten sind (z. B. Breite einer Straße, eines Flusses o. Ä.) und von welcher Art die Verbindungen sind (z. B. Hindernisse und Gefahren auf dem Weg). Kennzeichne, ob die Verbindungen Ursachen, Mittel/Zweck oder eine zeitliche Abfolge darstellen sollen.
3) Deine Fragen können sich u. a. darauf beziehen, warum etwas so ist, wozu etwas gut ist, wann etwas passiert.

Was du (dich) fragen kannst, wenn du dich mit anderen über die Lernlandkarten austauschst:
Wenn du daran zurückdenkst, wie du deine Lernlandkarte erstellst hast: Warst du dann dabei ...

1) vor allem konzentriert auf das Zeichnen und Aufschreiben der Einzelpunkte?
2) vor allem konzentriert auf die (Art der) Verbindung der Einzelpunkte?
3) vor allem konzentriert auf mögliche Erkenntnisse ausgehend von deiner Lernlandkarte?

KV 7

Erstellen einer Lernlandkarte zum Üben

Wofür die einzelnen Schritte da sind:
Das Erstellen einer Lernlandkarte soll dir dabei helfen, herauszufinden,
1) auf welche Inhalte und Kompetenzen du zurückgreifen kannst, die du gelernt bzw. erworben hast,
2) welche für dich neuen Zusammenhänge du zwischen den Inhalten und Kompetenzen herstellen kannst,
3) was du noch genauer verstehen willst oder noch besser können willst.

Die fertige Lernlandkarte soll dir dann dabei helfen, einen Überblick über deinen derzeitigen Lernstand zu erhalten.

Was in den einzelnen Schritten zu tun ist:
Nimm eine Seite in deinem Heft oder ein Blatt (DIN A4 oder A3) zur Hand.

1. Veranschauliche, welche Inhalte du dir erschlossen hast und welche Kompetenzen du erworben hast.

2. Hebe graphisch hervor, wie die dir bekannten Inhalte und Kompetenzen für dich zusammenhängen.

3. Hebe hervor und ergänze, was für dich noch unklar ist und was du noch intensiver üben möchtest.

Mit dem 2. Schritt beziehst du dich auf den 1. Schritt.

Mit dem 3. Schritt beziehst du dich auf den 1. und den 2. Schritt.

Du hast dafür ____ Minuten Zeit.
Arbeite während dieser Zeit für dich alleine und tausche dich mit niemandem aus.
Schaue auch nichts in deinen Unterlagen, Büchern oder im Internet nach.

Was bei den einzelnen Schritten zu bedenken ist und hilfreich ist:
Wähle eine Form, die dir naheliegt und die du schnell erstellen kannst. Du kannst so viel schreiben, symbolisieren, zeichnen, malen, skizzieren wie du magst.
1) Wähle in deiner Darstellung Formen aus, die anschaulich machen, was du schon weißt und kannst.
2) Mache dir bewusst und in deiner Lernlandkarte kenntlich, wie stark die Verbindungen zwischen den einzelnen Punkten sind (z. B. Breite einer Straße, eines Flusses o. Ä.) und von welcher Art die Verbindungen sind (z. B. Hindernisse und Gefahren auf dem Weg). Kennzeichne, ob die Verbindungen Ursachen, Mittel/Zweck oder eine zeitliche Abfolge darstellen sollen.
3) Markiere graphisch oder ergänze ggf. anschaulich, was du noch genauer verstehen willst oder noch besser können möchtest.

Was du (dich) fragen kannst, wenn du dich mit anderen über die Lernlandkarten austauschst:
Wenn du daran zurückdenkst, wie du deine Lernlandkarte erstellst hast: Warst du dann dabei …
1) vor allem konzentriert auf das Zeichnen und Aufschreiben der Einzelpunkte?
2) vor allem konzentriert auf die (Art der) Verbindung der Einzelpunkte?
3) vor allem konzentriert auf mögliche Erkenntnisse ausgehend von deiner Lernlandkarte?

KV 8

Ergänzen einer Lernlandkarte zum Reflektieren – während des Lernprozesses

Wofür die einzelnen Schritte da sind:
Das Ergänzen deiner Lernlandkarte soll dir dabei helfen, herauszufinden,

1) von welchen Inhalten und Kompetenzen du denkst, dass sie in der laufenden Unterrichtsreihe besonders/weniger interessant bzw. besonders/weniger wichtig für dich sind,
2) welche Zusammenhänge du zwischen den Inhalten und Kompetenzen bisher entdeckt hast, die für dich bedeutsam sind,
3) was du in Bezug auf das Thema der laufenden Unterrichtsreihe bisher gelernt hast.

Die ergänzte Lernlandkarte soll dir dann dabei helfen, einen Überblick über das zu gewinnen, was du bisher geschafft hast.

Was in den einzelnen Schritten zu tun ist:
Nimm deine Lernlandkarte, die du zu Beginn der Unterrichtsreihe erstellt hast, zur Hand. Betrachte zunächst, was du notiert hast, und gehe in Gedanken deinen Lernweg durch: Wo hast du begonnen? Wo stehst du jetzt? Wie bist du dahin gekommen?

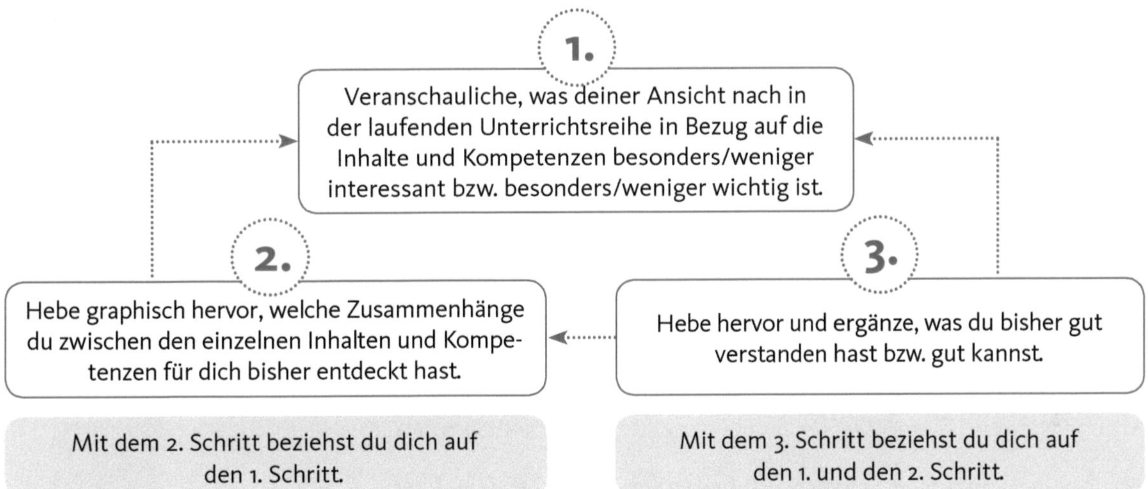

Du hast dafür ____ Minuten Zeit.
Arbeite während dieser Zeit für dich alleine und tausche dich mit niemandem aus.

Was bei den einzelnen Schritten zu bedenken ist und hilfreich ist:

1) Wähle in deiner Darstellung Formen aus, die die einzelnen Dinge und Aspekte des Themas anschaulich machen. Kennzeichne ebenfalls anschaulich, was dich besonders bzw. weniger interessiert hat.
2) Mache dir bewusst und in deiner Lernlandkarte kenntlich, wie stark die Verbindungen zwischen den einzelnen Punkten sind (z. B. Breite einer Straße, eines Flusses o. Ä.) und von welcher Art die Verbindungen sind (z. B. Hindernisse und Gefahren auf dem Weg). Kennzeichne, ob die Verbindungen Ursachen, Mittel/Zweck oder eine zeitliche Abfolge darstellen sollen.
3) Markiere graphisch oder ergänze ggf. anschaulich, was du gut verstanden hast bzw. gut kannst.

Was du (dich) fragen kannst, wenn du dich mit anderen über die Lernlandkarten austauschst:
Wenn du daran zurückdenkst, wie du deine Lernlandkarte erstellst hast: Warst du dann dabei ...

1) vor allem konzentriert auf das Zeichnen und Aufschreiben der Einzelpunkte?
2) vor allem konzentriert auf die (Art der) Verbindung der Einzelpunkte?
3) vor allem konzentriert auf mögliche Erkenntnisse ausgehend von deiner Lernlandkarte?

KV 9

Erstellen einer Lernlandkarte zum Reflektieren – zum Abschluss einer Unterrichtsreihe

Wofür die einzelnen Schritte da sind:
Das Erstellen einer Lernlandkarte soll dir dabei helfen, herauszufinden,

1) von welchen Zielen du rückblickend denkst, dass du sie in der vergangenen Unterrichtsreihe erreicht hast oder (noch) nicht erreicht hast,
2) welche Zusammenhänge für dich zwischen den Zielen bestehen, die du erreicht hast oder (noch) nicht erreicht hast,
3) was du in Bezug auf das, was du gelernt hast, zukünftig genau so oder anders machen willst.

Was in den einzelnen Schritten zu tun ist:
Nimm eine Seite in deinem Heft oder ein Blatt (DIN A4 oder A3) zur Hand.

1. Veranschauliche (auch mit Blick auf die Beurteilung durch deine/n Lehrer/in), welche Ziele zu den Inhalten und Kompetenzen du rückblickend erreicht hast bzw. noch nicht erreicht hast.

2. Hebe graphisch hervor, welche Zusammenhänge für dich zwischen den erreichten oder noch nicht erreichten Zielen bestehen.

Mit dem 2. Schritt beziehst du dich auf den 1. Schritt.

3. Hebe hervor und ergänze, was du zukünftig genau so oder anders machen willst.

Mit dem 3. Schritt beziehst du dich auf den 1. und den 2. Schritt.

Du hast dafür _____ Minuten Zeit.
Arbeite während dieser Zeit für dich alleine und tausche dich mit niemandem aus.

Was bei den einzelnen Schritten zu bedenken ist und hilfreich ist:
Wähle eine Form, die dir naheliegt und die du schnell erstellen kannst. Du kannst so viel schreiben, symbolisieren, zeichnen, malen, skizzieren wie du magst.

1) Wähle in deiner Darstellung Formen aus, die die einzelnen Ziele anschaulich machen. Unterscheide zwischen Zielen, die du erreichen wolltest und Zielen, die du erreichen solltest. Kennzeichne ebenfalls anschaulich, welche Ziele du erreicht oder noch nicht erreicht hast.
2) Mache dir bewusst und in deiner Lernlandkarte kenntlich, wie stark die Verbindungen zwischen den einzelnen Punkten sind (z. B. Breite einer Straße, eines Flusses o. Ä.) und von welcher Art die Verbindungen sind (z. B. Hindernisse und Gefahren auf dem Weg). Kennzeichne, ob die Verbindungen Ursachen, Mittel/Zweck oder eine zeitliche Abfolge darstellen sollen.
3) Markiere graphisch oder ergänze ggf. anschaulich, was du zukünftig genau so oder anders machen willst.

Was du (dich) fragen kannst, wenn du dich mit anderen über die Lernlandkarten austauschst:
Wenn du daran zurückdenkst, wie du deine Lernlandkarte erstellst hast: Warst du dann dabei ...

1) vor allem konzentriert auf das Zeichnen und Aufschreiben der Einzelpunkte?
2) vor allem konzentriert auf die (Art der) Verbindung der Einzelpunkte?
3) vor allem konzentriert auf mögliche Erkenntnisse ausgehend von deiner Lernlandkarte?

KV 10

Selbsteinschätzungsbogen

Diagrammatischer Schritt	Kompetenzerwartung	--	-	+	++
	Dabei habe ich ...				
1. Schritt: Veranschaulichung	... viele Einzelpunkte notiert.				
	... bildliche Darstellungen (z. B. Symbole) für die einzelnen Inhalte und Kompetenzen ausgewählt.				
	... die einzelnen Punkte auch sichtbar voneinander unterschieden (z. B. durch unterschiedliche Farben oder Formen).				
2. Schritt: Erkunden/Untersuchen	... die Stärke der Verbindung der einzelnen Punkte bewusst und sichtbar gekennzeichnet (z. B. durch die Breite einer Straße).				
	... kenntlich gemacht, von welcher Art der Zusammenhang der einzelnen Punkte ist (Ursache/Wirkung, Mittel/Zweck, Zeit/Raum).				
	... bildliche und textliche Elemente wiederholt verwendet, um Unterschiede oder Entwicklungen deutlich zu machen.				
	... bildliche und textliche Elemente so angeordnet, dass Vergleiche leicht möglich sind.				
3. Schritt: Schlüsse ziehen	... graphisch gekennzeichnet, welche Schlüsse ich ziehe.				
	... bildliche und textliche Elemente so gewählt, dass verständlich wird, warum ich daraus bestimmte Schlüsse gezogen habe.				

Erläuterung der Skalenwerte:
- - = trifft nicht zu - = trifft größtenteils nicht zu + = trifft größtenteils zu + + = trifft zu

KV 10

Selbsteinschätzungsbogen

Diagrammatischer Schritt	Kompetenzerwartung	--	-	+	++
	Dabei habe ich ...				
1. Schritt: Veranschaulichung	... viele Einzelpunkte notiert.				
	... bildliche Darstellungen (z. B. Symbole) für die einzelnen Inhalte und Kompetenzen ausgewählt.				
	... die einzelnen Punkte auch sichtbar voneinander unterschieden (z. B. durch unterschiedliche Farben oder Formen).				
2. Schritt: Erkunden/Untersuchen	... die Stärke der Verbindung der einzelnen Punkte bewusst und sichtbar gekennzeichnet (z. B. durch die Breite einer Straße).				
	... kenntlich gemacht, von welcher Art der Zusammenhang der einzelnen Punkte ist (Ursache/Wirkung, Mittel/Zweck, Zeit/Raum).				
	... bildliche und textliche Elemente wiederholt verwendet, um Unterschiede oder Entwicklungen deutlich zu machen.				
	... bildliche und textliche Elemente so angeordnet, dass Vergleiche leicht möglich sind.				
3. Schritt: Schlüsse ziehen	... graphisch gekennzeichnet, welche Schlüsse ich ziehe.				
	... bildliche und textliche Elemente so gewählt, dass verständlich wird, warum ich daraus bestimmte Schlüsse gezogen habe.				

Erläuterung der Skalenwerte:
- - = trifft nicht zu - = trifft größtenteils nicht zu + = trifft größtenteils zu + + = trifft zu

Fremdeinschätzungsbogen

KV 11

Diagrammatischer Schritt	Kompetenzerwartung Dabei hast du ...	--	-	+	++
1. Schritt: Veranschaulichung	... viele Einzelpunkte notiert.				
	... bildliche Darstellungen (z. B. Symbole) für die einzelnen Inhalte und Kompetenzen ausgewählt.				
	... die einzelnen Punkte auch sichtbar voneinander unterschieden (z. B. durch unterschiedliche Farben oder Formen).				
2. Schritt: Erkunden/ Untersuchen	... die Stärke der Verbindung der einzelnen Punkte bewusst und sichtbar gekennzeichnet (z. B. durch die Breite einer Straße).				
	... kenntlich gemacht, von welcher Art der Zusammenhang der einzelnen Punkte ist (Ursache/Wirkung, Mittel/Zweck, Zeit/Raum).				
	... bildliche und textliche Elemente wiederholt verwendet, um Unterschiede oder Entwicklungen deutlich zu machen.				
	... bildliche und textliche Elemente so angeordnet, dass Vergleiche leicht möglich sind.				
3. Schritt: Schlüsse ziehen	... graphisch gekennzeichnet, welche Schlüsse du ziehst.				
	... bildliche und textliche Elemente so gewählt, dass verständlich wird, warum du daraus bestimmte Schlüsse gezogen hast.				

Erläuterung der Skalenwerte:
- - = trifft nicht zu - = trifft größtenteils nicht zu + = trifft größtenteils zu + + = trifft zu

Fremdeinschätzungsbogen

KV 11

Diagrammatischer Schritt	Kompetenzerwartung Dabei hast du ...	--	-	+	++
1. Schritt: Veranschaulichung	... viele Einzelpunkte notiert.				
	... bildliche Darstellungen (z. B. Symbole) für die einzelnen Inhalte und Kompetenzen ausgewählt.				
	... die einzelnen Punkte auch sichtbar voneinander unterschieden (z. B. durch unterschiedliche Farben oder Formen).				
2. Schritt: Erkunden/ Untersuchen	... die Stärke der Verbindung der einzelnen Punkte bewusst und sichtbar gekennzeichnet (z. B. durch die Breite einer Straße).				
	... kenntlich gemacht, von welcher Art der Zusammenhang der einzelnen Punkte ist (Ursache/Wirkung, Mittel/Zweck, Zeit/Raum).				
	... bildliche und textliche Elemente wiederholt verwendet, um Unterschiede oder Entwicklungen deutlich zu machen.				
	... bildliche und textliche Elemente so angeordnet, dass Vergleiche leicht möglich sind.				
3. Schritt: Schlüsse ziehen	... graphisch gekennzeichnet, welche Schlüsse du ziehst.				
	... bildliche und textliche Elemente so gewählt, dass verständlich wird, warum du daraus bestimmte Schlüsse gezogen hast.				

Erläuterung der Skalenwerte:
- - = trifft nicht zu - = trifft größtenteils nicht zu + = trifft größtenteils zu + + = trifft zu

KV 12

Interviewleitfaden zur Beurteilung von Lernlandkarten

Ich möchte dir im Folgenden einige Fragen stellen. Sie sollen dir dabei helfen herauszufinden, wie gut es dir gelungen ist, die drei Schritte der Arbeitsanweisung in deiner Lernlandkarte zu gehen.

1. Wie bist du vorgegangen bei der Veranschaulichung der einzelnen Inhalte?
   - Hast du sie unabhängig voneinander notiert und dargestellt?
   - Oder hast du schon währenddessen Verbindungen zwischen den einzelnen Punkten eingezeichnet?
   - Hast du schon vorher ein bestimmtes (Gesamt-)Bild im Kopf gehabt; falls ja, wie hast du es graphisch umgesetzt?

2. Wie hast du Unterschiede in den Zusammenhängen graphisch gekennzeichnet?
   - Wie bist du dabei vorgegangen?
   - Hast du jeweils überlegt, um welche Art von Verbindung es sich handelt, oder nicht?
   - Wie hast du es erreicht, dass in deiner Darstellung Zusammenhänge sichtbar werden in Bezug auf Ursache/Abhängigkeit, Mittel/Zweck, Zeit/Raum?

3. Wie hast du graphisch gekennzeichnet, welche Schlüsse du gezogen hast?
   - Wie hast du deine Darstellung gewählt und aufgebaut, sodass direkt verständlich werden kann, welche Schlüsse du gezogen hast?

KV 12

Interviewleitfaden zur Beurteilung von Lernlandkarten

Ich möchte dir im Folgenden einige Fragen stellen. Sie sollen dir dabei helfen herauszufinden, wie gut es dir gelungen ist, die drei Schritte der Arbeitsanweisung in deiner Lernlandkarte zu gehen.

1. Wie bist du vorgegangen bei der Veranschaulichung der einzelnen Inhalte?
   - Hast du sie unabhängig voneinander notiert und dargestellt?
   - Oder hast du schon währenddessen Verbindungen zwischen den einzelnen Punkten eingezeichnet?
   - Hast du schon vorher ein bestimmtes (Gesamt-)Bild im Kopf gehabt; falls ja, wie hast du es graphisch umgesetzt?

2. Wie hast du Unterschiede in den Zusammenhängen graphisch gekennzeichnet?
   - Wie bist du dabei vorgegangen?
   - Hast du jeweils überlegt, um welche Art von Verbindung es sich handelt, oder nicht?
   - Wie hast du es erreicht, dass in deiner Darstellung Zusammenhänge sichtbar werden in Bezug auf Ursache/Abhängigkeit, Mittel/Zweck, Zeit/Raum?

3. Wie hast du graphisch gekennzeichnet, welche Schlüsse du gezogen hast?
   - Wie hast du deine Darstellung gewählt und aufgebaut, sodass direkt verständlich werden kann, welche Schlüsse du gezogen hast?